chon fast die Augen zu
er wenn ich mich dann
um schlafen hinlege,
ann ich nicht schlafen.
ch kann mir einfach nicht
orstellen, daß ich bald
icht mehr da sein sole.
ch wolete mein Leben
och richtig genießen:
it Jungen und Männern
twas flirten, die Liebe
ntdecken und später
inmal heiraten. Ich
ätte sehr gerne Jöbi ge=
eiratet, weil ich mich
ei Ihm geborgen fühle
wir uns ohne Worte so
ut verstehen:
Einen Wunsch habe
ch noch in diesen
Leben:

Christel und Isabell Zachert

WIR TREFFEN UNS WIEDER IN MEINEM PARADIES

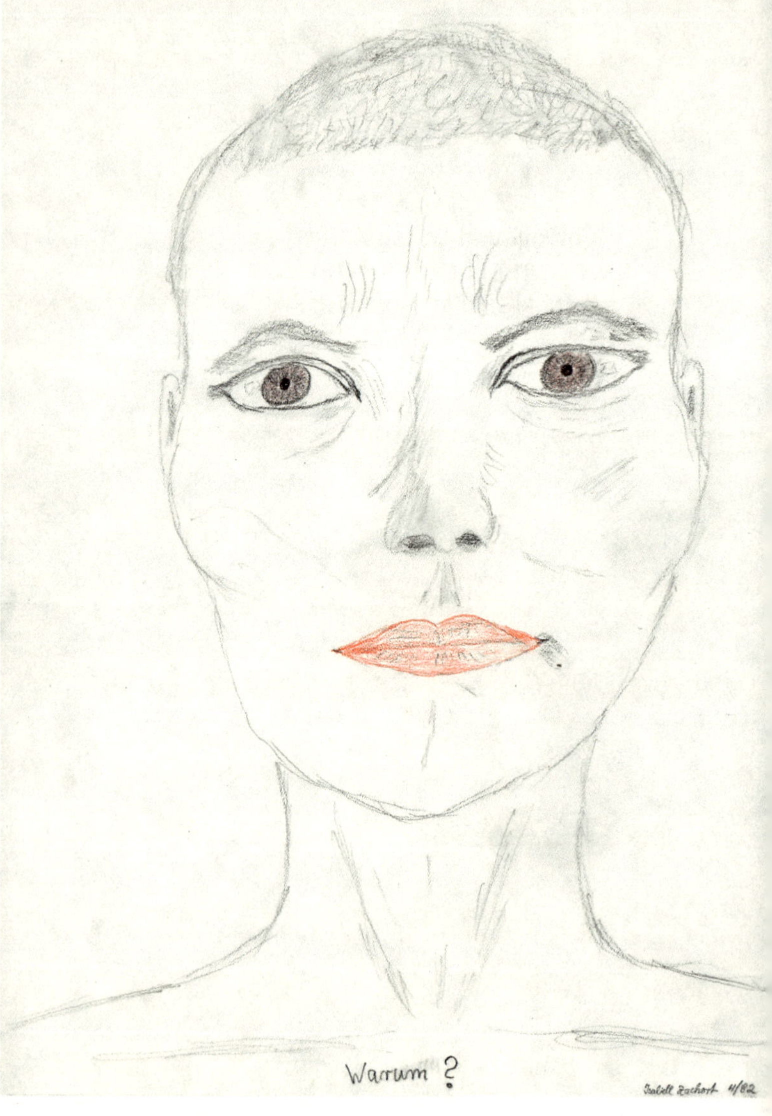
Warum ?
Isabell Zachert 4/82

Christel und Isabell Zachert

WIR TREFFEN UNS WIEDER IN MEINEM PARADIES

Gustav Lübbe Verlag

Ich widme dieses Buch meinem Mann
und unseren beiden Söhnen Christian und Matthias.
Ich danke Dr. Töbellius für seine Freundschaft
und Frau von Löbbecke für ihre mütterliche Fürsorge.

Christel Zachert

»Ich hatte mir immer gewünscht,
daß er in meiner Todesstunde meine Hand halten
würde. Er hatte so eine lustige Lache!
Ich nannte ihn Töbi. Ob ich das wohl durfte?
Aber schließlich war er ja nicht irgendein
Töbi, er war *mein* Töbi!«

15. November 1982

Zehn Jahre danach.

Meine geliebte Tochter!

Ich bin angekommen – in den Ardennen – in dem Ferienhaus einer lieben Freundin von mir. Ich freue mich auf dich, auf die vielen Gespräche und Gedanken, die wir austauschen werden. Hier habe ich die Ruhe, um mich ganz fallenzulassen – in die Erinnerung.

Vor zehn Jahren bist du uns vorausgegangen – in dein Paradies. Und du hattest recht: Wir haben dich nicht verloren. Wie hast du uns getragen und beschützt mit deiner Zuversicht und Stärke! Als ich uns allen in den Stunden deiner Bewußtlosigkeit das erste Mal dein Tagebuch der letzten Wochen vorlas, das du extra für uns geschrieben hattest, war es von Anfang an mein inniger Wunsch, dieses Vermächtnis anderen Menschen zuteil werden zu lassen. Ich bin sicher, daß das auch dein Wunsch ist.

Hoffentlich finde ich den stärkenden Brunnen der Erinnerungen und nicht das trostlose Tal der Tränen. Aber die Umstände sind gut. Ich fühle mich geborgen in der Fürsorge einer mütterlichen Freundin, die du nicht mehr kennengelernt hast, der ich aber von dir erzählt habe. Sie hat mich in meinem Vorhaben sehr bestärkt, hat mich in ihr Ferienhaus in den Ardennen eingeladen, sorgt für mein leibliches Wohl und paßt auf, daß ich mich mit meinen Gedanken nicht in das Tal der Tränen verliere.

Ich will versuchen, das intensivste Jahr meines Lebens, das letzte Jahr deines Lebens – es war dein fünfzehntes, sechzehntes Lebensjahr –, meinem Herzen folgend, zu durchwandern. Es war ein Jahr mit Höhepunkten und unsagbarem Schmerz, ein Jahr voll verlockender Hoffnung und tiefster Verzweiflung. Bei allem Schweren war es für uns ein Jahr großer Faszination. Wir erlebten, wie sich aus dir – einem lebensfrohen, jungen und so ganz normalen Mädchen – innerhalb eines Jahres eine reife Frau entwickelte. Alle Ärzte und Schwestern, überhaupt alle Menschen, die in dieser Zeit an deinem, an unserem Schicksal teilhatten, wurden von dieser Kraft angezogen. Daß du wie eine Königin gestorben bist, die bewußt Abschied nahm von all ihren Lieben und die Feier des Abschieds sozusagen noch selbst gestaltete, das war die Gnade deines Schicksals.

Auf denn! Ich will es versuchen. Wenn ich an meinem Lebensende vom Herrgott gefragt werde, wie ich das Geschenk des Lebens genutzt habe – und dazu gehört für mich auch, das, was du uns durch dein Leben und Sterben schenktest, an andere weiterzugeben –, möchte ich nicht mit einer Ausrede vor ihm stehen.

Vater und ich kamen aus Rom zurück. Wir hatten die erste Reise ohne unsere Kinder unternommen. Du und deine beiden Brüder, Christian und Matthias, ihr wart ganz stolz, daß wir euch für eine Woche alleine gelassen hatten. Wir fühlten uns, als hätten wir einen neuen Lebensabschnitt in unserer Ehe erreicht. Bereichert mit schönen Eindrücken und erfüllt von großer Freude kamen wir nach Hause zurück.

Es war Samstag abend. Wir wollten rechtzeitig zu Hause sein, da Matthias vierzehn Jahre alt wurde. Christian und Matthias begrüßten uns freudig, aber du, so sagten uns die Jungs, seist schon ins Bett gegangen und würdest schlafen. Wir wunderten uns sehr und respektierten es. Nach einer Weile mußt du aber doch aufgewacht sein und kamst aus deinem Zimmer, blaß und erschöpft, wie ein schwerkranker Mensch. Wir mühten uns um dich. Am Sonntag morgen fuhr Vater gleich mit dir zu unserer Hausärztin. Verschleppter grippaler Infekt war die Diagnose, Penizillin die Therapie, die Lungen nach Abklingen des Fiebers röntgen zu lassen die Empfehlung.

Der Sonntag war ausgefüllt mit Erzählungen über Rom und mit bohrenden Fragen an euch. Irgend etwas mußte doch schuld sein, daß du so eine schwere »Grippe« bekommen hattest. Du warst auf einer Party, aber das konnte es nicht gewesen sein. Zwei Tage zuvor warst du im Club, bist zweitausend Meter geschwommen, warst hinterher in der Sauna und bist mit dem Fahrrad zurückgefahren. – Das Fahrrad, ja das alte Hollandfahrrad, es hat keine Gangschaltung, und es fährt sich so schwer – ja, das wird schuld daran gewesen sein. (Das alte Hollandfahrrad hält Matthias heute noch in Ehren und fährt damit immer zur Uni.) – Ein Satz von dir machte uns jedoch schon am Sonntag stutzig: »*Wenn ich wirklich krank bin, dann bin ich sehr krank und das schon längere Zeit.*«

Am Montag und Dienstag ging das Fieber zwar zurück, aber du wurdest immer schwächer. Auch zeigte sich eine Beule auf deinen Rippen, die nicht blau war, und wir wußten auch nicht, woher sie kam. Auf der Klassenfahrt – vier Wochen zuvor – hattest du dich an dieser Stelle einmal gestoßen. Am Mittwoch fiel dir das Sprechen schon schwer. Du saßest im Bett und schnapptest nach Luft. Ich rief Vater an, er kam aus dem Dienst, und wir fuhren mit dir ins Krankenhaus; wir mußten doch wissen, ob es eine einfache oder eine doppelseitige Lungenentzündung war. Nach einer Stunde schon wußten wir: Es war ein bösartiger Tumor.

Schon nach dem Durchleuchten der Lunge sagte man uns, du müßtest sofort stationär behandelt werden, da du in akuter Lebensgefahr schwebtest. Der Oberarzt wurde gerufen. Deine Lunge mußte sofort punktiert werden, damit du nicht ersticktest. Wir wichen nicht von deiner Seite, sahen, daß die Flüssigkeit, die man aus deiner Lunge absaugte, rot war. Als Dr. Petri die zweite Kanüle ansetzte, schickte er die erste ins Labor zur Untersuchung und funkte den Chef des Krankenhauses, Dr. Töbellius, an. Er sagte: »Hier ist ein junges Mädchen, ich glaube, das wird Sie interessieren.« Die Behandlung verlief in großer Konzentration und Ernsthaftigkeit, aber ohne eine Erklärung. Vater und ich bemühten uns, ruhig zu bleiben. Du warst ganz tapfer. Nach zwei oder drei Kanülen durfte man nicht mehr Flüssigkeit aus den Lungen absaugen, damit dein Kreislauf nicht kollabierte. Inzwischen hatte man für dich ein Bett bei einem anderen jungen Mädchen im Zimmer vorbereitet.

Nachdem wir dich versorgt wußten, suchten wir die Ärzte. Wir fanden Dr. Petri unten im Labor und fragten ihn direkt nach seiner Einschätzung. Er sagte uns ebenso direkt, daß es auf alle Fälle ein bösartiger Tumor im Endzustand sei. Um welche Art von Tumor es sich dabei handele, könne man noch nicht sagen. Wir waren von der Nachricht wie erschlagen. Vater und ich rangen um unsere Fassung. Blitzartig kam mir ein Erleben in Erinnerung, das schon zweiundzwanzig Jahre zurücklag: Als die behandelnden Ärzte meiner Mutter und uns vier Geschwistern – ich war damals neunzehn Jahre alt – sagten, daß unsere Mutter einen Tumor in der Lunge habe und noch nicht einmal der liebe Gott mit einem Wunder sie retten könne. Zwei Wochen später war sie tot. Ich begriff sofort die Ernsthaftigkeit deines und unseres Schicksals. Wir durften und wollten unsere Ängste nicht auf dich übertragen und in dein Herz pflanzen. Du mußtest alle Kraft einsetzen, um mit deinen Schmerzen und Beschwerden zurechtzukommen. Wir konnten dir noch nicht sagen, was wir schon wußten.

Dieser Tag war eigentlich als ein sehr glücklicher geplant. Oma – Papas Mutter – kam an diesem Tag von ihrer Japan-Reise zurück. Ursprünglich hatten wir vor, sie vom Flughafen abzuholen und ihre Rückkehr zu feiern. Vom Krankenhaus aus hatten wir nun alles abgesagt und neu organisiert. Aber jetzt am Abend – du warst erschöpft und müde – wollten wir zu Oma, um mit ihr zu sprechen. Ich glaube, wir erwähnten das

Wort Tumor noch nicht, sondern sprachen nur von einer sehr schweren Krankheit. Auf dem Rückweg fuhren wir noch einmal ins Krankenhaus. Ein junger Mann hatte Nachtdienst auf der Station. Er bot uns an, dich noch einmal zu sehen, aber wir hatten nicht den Mut. Wir standen nur ein paar Minuten vor deiner Tür. Der junge Mann tröstete uns und meinte, du schläfst. Zu Hause gaben wir den Jungs nur die nötigsten Auskünfte. Matthias und Christian waren fassungslos. Auch sie konnten es nicht begreifen und wußten nicht, was auf sie zukam. Ich spürte, dieser Tag war für beide das Ende ihrer Kindheit und Jugend!

Vater und ich weinten und überlegten, was wir dir und den anderen sagen sollten; irgendwann schliefen wir ein.

Der nächste Tag war von vielen Aktivitäten geprägt. Du wurdest mit allen möglichen medizinischen Techniken weiter untersucht. Wir hatten die Aufgabe, alle von dir vorhandenen medizinischen Berichte, Röntgenaufnahmen und Untersuchungsergebnisse zusammenzutragen, und davon gab es bei dir eine ganze Menge. Die letzte Untersuchung war erst vier Wochen alt: eine Röntgenaufnahme deiner Rippen und ein großes Blutbild. Der Anlaß zu dieser Untersuchung war dein Bericht von deiner Klassenfahrt mit dem Boot auf den holländischen Kanälen. Als du von der Reise zurückkamst, erzähltest du von einer extrem schmerzhaften Prellung an den rechten Rippen. Deshalb schickten wir dich damals zur Hausärztin. Aber zum Glück war keine Rippe gebrochen, und die Ergebnisse waren alle in Ordnung.

Dann gab es noch die ganzen Berichte von deiner Knöcheloperation. Du hattest im Sommer eine Nekrose*, die so schmerzhaft war, daß sowohl die Uniklinik als auch Professor Dederich zur Operation rieten. Zum Glück war die Gewebeuntersuchung negativ. Trotzdem empfandest du diese Operation schon als Schicksal, weil sie dein ganz elementares Bedürfnis nach sportlicher Tätigkeit und körperlicher Bewegung einschränkte. Am schlimmsten war für dich, daß du nicht mehr Tennis spielen durftest – wo du doch eine begeisterte Tennisspielerin warst! Noch heute habe ich deine Pokale im Schrank. Aber auch Joggen war für alle Zeiten verboten. Dies zu akzeptieren war für dich sehr schwer. Als du nach der Operation den Gips los warst, versuchtest du, langsam wieder zu schwimmen und auch radzufahren. Aber damals reichte dir das noch nicht für das weitere Glück deines Lebens. – Wieviel Bescheidenheit haben wir doch noch lernen müssen!

Wir besorgten uns sogar die Unterlagen von 1968 aus der Kinderklinik. Du hattest im Alter von zwei Jahren einen beinahe tödlichen Sturz überlebt. Mit einer sehr schweren Gehirnerschütterung pflegten wir dich ein Vierteljahr. Damals hatten wir das Gefühl, der liebe Gott habe uns unsere Tochter zum zweitenmal geschenkt.

Die Berichte hatten wir zwar alle, aber ich glaube, die Ärzte konnten wenig damit anfangen.

* Nekrose: örtlich begrenztes Absterben von Geweben, Organen oder Organteilen

Am Nachmittag wußten die Ärzte aufgrund der aktuellen Untersuchungen, daß der Tumor sich bereits im ganzen Körper befand. Das wußten wir noch nicht. Am Abend kam Dr. Töbellius zusammen mit dem Chef der Chirurgie an dein Bett. Ich beobachtete sie beide. Sie saßen hinter deinem Rücken auf deinem Bett und untersuchten deine Rippen. Sie sprachen nicht, sondern verständigten sich nur mit Blicken. Aber zum Ende der Untersuchung strich der Chirurg beinahe liebevoll über deinen Rücken und formulierte stumm mit seinen Lippen die Silbe »voll«. In diesem Moment kannte ich seine Diagnose. Die beiden Ärzte beschlossen, dich zu operieren, um eine Gewebeprobe zu erhalten. Man wollte die Art des Tumors bestimmen. Zunächst aber mußte die Lunge durch einen Dauerkatheter trockengelegt werden. Das war die Aufgabe der nächsten Tage.

Am Freitag hatten wir das erste längere Gespräch mit Dr. Töbellius. Er war sehr einfühlsam. Aus medizinischer Sicht war die Diagnose, glaube ich, hoffnungslos brutal. Es war ein Sarkom, ein Bindegewebstumor, einer von der ganz aggressiven Sorte. Aber Dr. Töbellius bemühte sich, uns die Hoffnung zu lassen.

Ich fragte ihn: »Wie lange kann unsere Isabell noch leben?« Er gab keine Antwort. Ich bohrte nach und sagte: »Wenn der körperliche Verfall unserer Tochter so weitergeht, lebt sie keine fünf Tage mehr.« Er guckte mich nur mit seinen großen braunen Augen an. Ich wußte, daß er medizinisch nur noch in Tagen rechnete, wenn nicht ein Wunder geschah. Aber diesen Glauben an ein mögliches Wunder, den pflanzte er in uns. Und was noch viel wichtiger war: Er machte uns deutlich, daß wir ihn auch dir vermitteln müssen. Von diesem Tag an verspürten wir ein großes Vertrauen zu diesem Mann.

Am Montag sollte die Gewebeentnahme sein. Wir waren jede Minute bei dir. Du hattest scharenweise Besuch. Jeder wollte dich noch einmal sehen. Zum Glück gab es für dich so viel Ablenkung, daß du nicht zur Ruhe kamst und uns keine Fragen stelltest.

Am Samstag nachmittag kam aus Mannheim mein jüngster Bruder Siegfried mit seiner Frau Ulli und dem vier Wochen alten Töchterchen Sascha zu dir ins Krankenhaus. Er hatte Mühe, seine Tränen zurückzuhalten. Aber glücklicherweise hatte er – wie immer – seine Kamera dabei. Er guckte dich nur durch die Kameralinse an und machte Bilder von dir. Und du konntest zum Glück nicht in seinen Augen lesen. Du hattest viel Spaß an der kleinen Sascha. Ich glaube, es war für dich etwas Wunderschönes, ein so kleines Baby in den Händen halten zu dürfen. Es war das Sinnbild des Lebens schlechthin. Siegfried und Ulli spürten das, und sie wollten ein wenig von der Kraft dieses jungen Lebens auf dich übertragen.

Du fingst an, Briefe zu schreiben. Am Freitag schon schriebst du an deine Patentante Ines. Sie hatte seit einem halben Jahr Krebs, und du warst ihr schon vorher eng verbunden.

14. 11. 1981

Liebe Ines!
Ich bin schon wieder im Krankenhaus, aber ich will dir alles der Reihe nach erzählen.

Wie Du vielleicht weißt, sind die Eltern für eine Woche nach Rom gefahren, die gute Gelegenheit ausnutzend, da Rolli, der ja jetzt ein Seminar in Rom hat, gerade in den USA und die Wohnung also leer war.

Sie sind mit Freunden per Auto am 29. abgefahren und haben uns fünf Kindern die Verantwortung in die Hand gedrückt. Wir waren deshalb fünf, weil:

1. wir drei Geschwister

2. ein Gastmädchen (Marie) für ein Jahr. Sie ist französischsprechende Belgierin, und wir verstehen uns prima mit ihr (zwanzig Jahre)

3. ich hatte eine Freundin bei mir aus Belgien, bei denen ich in meinen Herbstferien war (Caroline Hopchet).

Da Christian und Matthias sich aber nicht sehr verantwortlich fühlten und man Gästen schlecht die Verantwortung aufbürden kann, hab' ich sie halt getragen, wobei Marie mir aber nett geholfen hat.

In der Woche habe ich dann von Tag zu Tag mehr Atembeschwerden bekommen und bin natürlich nicht zum Arzt gegangen, weil ich dachte, es sei eine Bronchitis, und außerdem mußte ich mich ja um die Wohnung und die Jungen kümmern. Am Freitag sind Caroline und Marie abgefahren. Die Woche über hat Caroline mich in die Schule begleitet.

Am Samstag habe ich dann die Wohnung sauber gemacht, und am Abend kamen die Eltern voll mit Eindrücken aus Rom wieder.

Ich muß ihnen einen ganz schön großen Schreck eingejagt haben, denn ich war angeblich kreideweiß, taumelte und habe nach Luft gerungen.

Am Sonntag vormittag hat Papa mich auch sofort zu unserer Hausärztin gebracht, und sie hat gesagt, es sei eine beginnende Lungenentzündung. Das Fieber und das ganze andere Zeug wurden besser, aber ich bekam immer weniger Luft, und meine rechte Schulter schmerzte, egal in welcher Lage. Mittwoch nachmittag hat uns dann unsere Hausärztin einen Röntgentermin im Krankenhaus besorgt, und kaum hatten sie mich geröntgt, als sie uns eröffneten, daß ich mich vor einem lebensgefährlichen Stadium befände, da meine ganze rechte Lunge mit Wasser angefüllt sei und Herz und linken Lungenflügel zusammendrücke. Sie haben mich gleich dabehalten und punktiert. Am Donnerstag haben sie mich dann weiter untersucht, um die Ursache herauszufinden. Sie haben mir auch Rückenmark durch eine Spritze abgepumpt und am Freitag einen Dauerkatheter zwischen Lungen- und Rippenfell gelegt.

Daß ich so etwas Scheußliches mal mit mir machen lassen muß, hätte ich auch nicht gedacht.

Aber alle hier im Krankenhaus sind unheimlich nett. Ich war ja jetzt schon oft im Krankenhaus, aber keines war so nett.

Oma kam am Mittwoch auch aus Japan wieder und hat uns allen schöne Sachen mitgebracht, und Bolko, meinem Onkel, hat sie einen Walkman, das ist so ein ganz kleiner Kassettenrecorder mit Kopfhörer, mitgebracht, und gestern hat er mich besucht und mir einfach das Ding geschenkt. Das fand ich schrecklich nett. Mutti und

Vater besuchen mich auch sehr viel, und Christian und Matthias kommen viel. Bis jetzt waren pro Tag immer so mindestens sieben Leute da oder sogar einmal fünfzehn. Alle sind so lieb zu mir. Das ist schön.

Ich bin noch ganz oft auf Deine Uhr angesprochen worden, wie chic die wäre. Ich benutze sie jeden Tag mit viel Freude.

Grüße und Küsse an alle Deine Lieben. Alles erdenklich Gute für Dich, meine liebe Ines.

Deine Krankenhausbelli

PS. Ich habe Schmerzen und kann deshalb nicht so gut schreiben.

Am Montag war die Gewebeentnahme. Die Narkose hattest du kreislaufmäßig zum Glück überstanden. Du bekamst nach der Operation ein Einzelzimmer, und die Schwestern stellten uns ein zweites Bett hinein, so daß Vater oder ich auch in der Nacht bei dir bleiben konnte. Jetzt fingen die Überlegungen an. Es war eine Zeit intensivster Gespräche, bohrendster Gedanken und dunkelster Alpträume. Wird man dich behandeln können? Hast du eine Chance? Wie lange wirst du noch leben? Kannst du noch einmal gesund werden? Vor dir versuchten wir, diese Fragen und Gedanken fernzuhalten, aber Vater und ich tauschten unsere Sorgen und Fragen durch Blicke aus und gingen für Minuten aus deinem Krankenzimmer. Vielleicht gingen dir die gleichen Fragen durch den Kopf. Du hattest noch eine große Scheu, sie zu formulieren. Vielleicht warst du aber auch zu schwach, dich diesen Fragen zu stellen.

Wenn ich nachts bei dir wachte, kam die Erinnerung an die letzten beiden Wochen meiner Mutter, an ihr unsagbares Leiden, ihre peinigenden Schmerzen, an ihr hoffnungsloses Flehen um den baldigen Tod. All das ging nicht aus meinem Kopf. Ich lag nachts wach neben dir und beugte mich über dich, um deinen leisen und schwachen Atem zu spüren. Ein furchtbarer Gedanke quälte mich. Sollte ich dich, mein geliebtes Isabellchen, nicht vor diesem grausamen Schicksal bewahren? Die Hoffnung auf ein Wunder hielt mich zum Glück zurück. Es ist so schwer, einen geliebten Menschen leiden zu sehen. – Auch Vater dachte in der Nacht an dich.

Hans Zachert Bonn, den 17. 11. 1981

Mein Liebstes!

Bevor ich zu Bett gehe, noch ein kleiner Plausch mit Dir. Hoffentlich kann ich einschlafen, denn Dein Gute-Nacht-Kuß fehlt mir! Hätte ich ihn, könnte ich getrost schlummern; so überlege ich, was Du machst, ob Du schon schläfst oder ob Dich Schmerzen quälen. Mich beruhigt, daß Mama bei Dir ist. Könnte ich Dir doch einen Teil deines Fiebers und Deiner Schmerzen abnehmen, mein Liebes, ich tät' für Dich alles, damit Du bald gesundest. Möge das Gefühl Dir Kraft verleihen, daß wir alle Dich unsagbar lieben, mein gutes Kind. Als Dein Vater liebe und verehre ich Dich als unser kleines Geschöpf, das so viel Gutes, Liebenswertes und Beglückendes uns bereitet hat. Werde schnell gesund, damit wir Dich zu Hause wieder bei uns haben. Du fehlst uns sehr!

Ich küsse und umarme Dich unsagbar zärtlich in Gedanken und werde hoffentlich von Dir träumen. Ich bin überwältigt von innigster Liebe zu Dir.

Dein Papa

Es dämmerte, der neue Tag kam. Heute hatten wir wieder ein Gespräch mit Dr. Töbellius. Er versuchte, uns zwei Dinge klarzumachen. Zum einen, daß wir es fertigbringen müßten, der Wahrheit ins Auge zu schauen. Und die Wahrheit war grausam. Es war eine tödlich verlaufende Krankheit. Realistisch betrachtet ging es wohl nur noch um die Verlängerung deines kurzen Lebens. Mit Therapie vielleicht ein paar Wochen oder bestenfalls Monate, ohne Therapie vielleicht ein paar Tage. Festlegen wollte und konnte sich niemand. Zum anderen, daß wir uns den Glauben an die Hoffnung, den Glauben an ein Wunder erhalten sollten. Er hätte schon einige Krankheitsfälle erlebt, deren Heilung die Mediziner sich nicht erklären konnten. Und er erzählte uns einige Beispiele und machte uns Mut. Wir fragten nach den Umständen und Möglichkeiten einer Chemotherapie. Er hoffte auf einen Therapieplatz an der Kölner Klinik bei Professor Jäger. Wir baten und bettelten, daß du doch im Bonner Krankenhaus bleiben könntest. Aber Dr. Töbellius blieb bei seiner Entscheidung. Wenn du überhaupt eine Chance haben solltest, dann nur auf der Tumorstation von Professor Jäger. Daß du deine Haare verlieren würdest, daß sich die Patienten unter einer Chemotherapie sehr schlecht fühlen können und sie mehrmals wiederholt werden muß, sagte er uns auch. Wir waren am Boden zerstört. Was und wie sollten wir es dir sagen? Er versprach, uns dabei zu helfen.

Am Nachmittag saßen wir zu viert auf deinem Bett. Dr. Töbellius informierte dich über die Befunde und die Schwere deiner Krankheit. Nicht einmal sprach er das Wort »Krebs« aus, sondern bezeichnete die Krankheit konsequent als Tumor. Auf deine Frage, ob es Krebs sei, antwortete er ruhig, daß Krebs eine Form des Tumors sei; du hättest ein Sarkom.

Er fragte dich, ob du behandelt werden möchtest; wenn man nichts unternähme, würdest du sehr bald sterben. Du sagtest, du wolltest leben und behandelt werden. Nun versuchte er, dir die Kölner Klinik näherzubringen. Du batest und betteltest, im Bonner Krankenhaus bleiben zu dürfen, aber er blieb fest. Er hatte sich schon mit Professor Jäger in Verbindung gesetzt und ein Bett für kommenden Montag in Aussicht. Er tröstete dich, indem er von seinem Freund Professor L. erzählte, der Oberarzt bei Professor Jäger sei und sich persönlich deiner annehmen werde. Wir wären alle drei lieber im Bonner Krankenhaus geblieben.

Wir kannten die Zukunft nicht. Wir waren alle drei nur Opfer. Und für jedes kleine Stück Chance waren wir bereit, alles zu tun. Dr. Töbellius versprach, dich in Köln zu besuchen. Mit deinem Charme nahmst du ihm zusätzlich ein Versprechen ab, das er später auch einhielt: Wenn man in Köln die richtige Therapie gefunden hat, dann könne man dich doch auch in Bonn weiterbehandeln. Er versprach dir, in einem solchen Falle immer ein Krankenbett für dich zu haben.

Hans Zachert Bonn, den 19.11.1981

Mein liebstes Isabellchen!

Heute hat Dir und uns gemeinsam Dr. Töbellius gesagt, was Du hast. Wie tapfer und beherrscht hast Du alles aufgenommen. Ich bin so stolz auf Dich! Meine liebe Tochter hat viel bessere Nerven als ich, obwohl Du selbst die Betroffene bist. Was bist Du doch für ein großartiges Wesen. Mama und ich sind sehr in Sorge um Dich, doch zutiefst davon überzeugt, daß Du in besten Händen bist und Hilfe und Heilung erhalten wirst. Wir müssen jetzt gemeinsam unsere Kraft konzentrieren, damit Du wieder gesund wirst. Wir glauben fest daran und wollen alles tun, um dies zu bewirken.

21.11.1981

Mein liebster Vater!

Dein Brief hat mich so unsagbar glücklich gemacht, weil in seinen Zeilen so viel Liebe steht.

Manchmal wundere ich mich, daß ich es wert sein soll, so viel Liebe zu erhalten. Aber solche Situationen sind wichtig. Sie müssen ab und zu den Alltag aufreißen, um uns allen zu zeigen, wie sehr wir uns doch in Wirklichkeit lieben und nur die Nichtigkeiten des Alltages diese so große Liebe unter uns zudecken.

So bereue ich es jetzt oft, doch sehr schnell ungeduldig mit Matthias gewesen zu sein. Ich habe immer gedacht, er mag mich nicht, aber jetzt ist er so lieb und süß, daß ich halt erkennen muß, wieviel Unrecht ich ihm angetan habe.

Ich bin auch immer wieder aufs neue überrascht,

mit wieviel Liebe Du mich umsorgst. Du versuchst, mir jeden Wunsch von den Lippen abzulesen. Mutti bin ich auch sehr dankbar. Oft war ich grantig, und sie hat ihre Geduld mit mir nie verloren.

Christian hat sich zu einem so lieben und verständnisvollen Bruder verwandelt, und Marie hilft überall.

Ihr seid alle die liebsten Menschen!

Ich liebe Dich ganz doll und genieße Deine Liebe. Wie sehr sie mir fehlt, habe ich bemerkt, als ich bei Lou war.

Tausend Küsse, Deine Dich liebende, ganz doll liebende Tochter

Hans Zachert 21.11.1981

Eben habe ich Deinen goldigen und inhaltstiefen Brief an mich gelesen. Ich war sehr gerührt und dankbar über Deine lieben Worte. Ich habe so recht gemerkt, daß man sich brieflich vielleicht doch noch einiges inniger sagt, als wenn man miteinander spricht, weil man seinen Gefühlen mehr Ausdruck gibt. Ich werde Dir noch oft schreiben und versuchen, Dir so nahe und verbunden zu sein, wie es halt so geht, mein gutes Kind. Es ist nicht so, daß erst jetzt, wo Du im Krankenhaus bist, unser aller Herz so für Dich schlägt. Uns Eltern war schon immer klar, daß wir in Dir ein allerliebstes und liebenswertes Kind besitzen. Man sagt dies im Alltag nicht den Kindern, doch in Zeiten der Sorge und Gefahr soll dieses Wissen Dich auch stärken und Dich glücklich machen. Könntest Du in mein Herz schauen, so haben Mama und Du einen ganz besonderen Platz, die Jungs auch, aber meine Liebe zu diesen ist doch etwas anderer Art.

Mein unendlich geliebtes Kind, wir erbitten auch Gottes Hilfe für Deine Heilung. Sei ganz innig lieb und zärtlich umarmt und geküßt

von Deinem Vater

Die verbleibenden Tage im Bonner Krankenhaus waren ausgefüllt mit vielen Besuchen. Am Samstag durften wir dir noch einmal die Haare waschen. Wir hatten uns noch nicht getraut, dir zu sagen, daß du sie verlieren wirst. Am Sonntag kam Siegfried noch einmal und machte eine ganze Serie von Fotos. Fotos von Belli mit Mähne, mit Schopf, mit fliegenden Haaren, mit zurückgeworfenem Kopf und kokettem Blick. Dann kamst du auf eine Idee. Dich quälten die noch nicht vorhandenen Weihnachtsgeschenke. Immerhin war in fünf Wochen Weihnachten. Wir überlegten, ein Familienfoto zu verschenken. Natürlich waren Christian und Matthias von der Idee auch angetan; und dann ging das Blitzlichtgewitter noch etwas weiter. So verlebten wir den letzten Sonntag im Bonner Krankenhaus. Und keiner traute sich, einen traurigen Gedanken auszusprechen oder ein gereiztes oder böses Wort zu sagen, obwohl unsere Nerven bis zum Zerreißen gespannt waren.

Am Montag früh war der Krankentransport bestellt. Zwei junge Männer brachten uns mit dem Krankenwagen zur Kölner Klinik. Es war eine furchtbare Fahrt, denn dir wurde schlecht. Wir mußten auf der Autobahn anhalten, du mußtest raus und dich übergeben. Dir war schlecht, auch ohne Chemotherapie.

In Köln angekommen, es war mittlerweile der

23. November, hieß es erst einmal warten. Ein Bett bekamst du in einem Zimmer mit einer alten Dame. Professor Jäger war auf einem Seminar im Ausland, sollte aber im Laufe der Woche zurückkommen. Der Stationsarzt war ein unbedeutender junger Mann. Ich habe seinen Namen vergessen; er hatte einen schwarzen Bart. Du weißt schon, wen ich meine. Er hatte unglaublich platte Antworten, so in der Art: »Wir müssen alle einmal sterben, keiner weiß genau wann.« Der war bei dir gerade an der richtigen Adresse. Professor L. kam am Nachmittag. Er war der erste Lichtblick in Köln: ein väterlicher, souveräner Arzt. Eine Therapie veranlassen konnte er noch nicht, er mußte erst auf die Rückkehr des Chefs warten, und es waren auch noch einige Untersuchungen erforderlich.

Für den nächsten Tag war eine Computertomographie angesetzt. Vater kam nach dem Dienst zu dir. Wir waren sehr traurig, daß wir in der Nacht nicht bei dir bleiben konnten, aber wir hatten kein Einzelzimmer bekommen können. Die Station war eine alte, kleine Privatstation, die den heutigen Bedürfnissen nicht mehr entsprach. Der Schock, dort für Wochen leben zu müssen, war nach dem modernen und freundlichen Bonner Krankenhaus um so größer. Die Schwestern waren nach jahrelanger Pflege von Nur-Tumorpatienten abgehärtet und ihre Kräfte fast aufgezehrt. Sie gaben sich trotzdem alle erdenkliche Mühe. Aber wenn die Narben eine Hornhaut auf deiner Seele bilden, weil du die Umstände auf Dauer anders nicht ertragen kannst, kannst du nicht gleichzeitig sensibel und fröhlich sein. An diesem Abend war uns das Herz schwer, als wir von Köln nach Hause fuhren.

Als ich am nächsten Morgen wieder nach Köln kam, warst du schon zur Computertomographie im Haupthaus. Dein Bett war leer, aber ich fand einen Briefumschlag »An Eltern Zachert« auf deinem Bett.

24.11.1981

Meine so lieben Eltern!
Ich hatte Euch gerade so viel zu sagen, aber dann bin ich gestört worden und wieder eingeschlafen, weil ich die Schlaftablette nicht wegschlafen konnte.

Jetzt, wo Ihr nicht mehr jeden Moment in meiner Nähe sein könnt, fühl' ich mich so verlassen und alleine, klein und krank. Ich fühle, wie wichtig Ihr für mich noch seid. Wie ich Euch brauche und so stark vermisse unter diesem ganzen Trubel hier.

Hier, wo ich der Besserung schon viel näher bin, glaube ich, Euch verlieren zu können, weil ich denen hier doch eigentlich egal bin, aber Euch nicht.

Ich liebe Euch so unendlich
Belli

Während der ganzen Woche in Köln füllte sich deine Lunge wieder mit Wasser. Von Tag zu Tag konntest du schlechter sprechen. Du bekamst wieder Sauerstoff. In diesen Tagen las ich dir den *Kleinen Prinzen* von Saint-Exupéry vor – oft mit zitterndem Herzen.

Am Donnerstag kam Professor Jäger, ein Arzt von großer Persönlichkeit, mit dem ganzen Schatz seiner Erfahrung. Ihr beiden begegnetet euch mit großem

Respekt. Für dich war er der Mensch, von dem du das Wunder erhofftest. Du warst für ihn mit zunehmender Zeit eine außergewöhnliche Patientin. So zurückhaltend er war, hatte ich doch manchmal das Empfinden, daß er dich wie eine Enkeltochter ansah.

Er erklärte uns, er habe noch keine Erkenntnisse über die Struktur des Tumors. Aufgrund der Gewebeentnahme dauere das ein paar Wochen. So lange könne man aber bei dir nicht warten. Er wäre jetzt in der Situation des Jägers, der bei Dunkelheit in den Wald schießt und trotzdem treffen muß. Er entschied sich für das HOK'sche Schema*. Am Donnerstag noch legten sie dir den Subclaviakatheter**. In dieser Nacht, vor dem Beginn der ersten Therapie, mußten wir dich wieder alleine lassen. Es muß für dich eine schlimme Nacht gewesen sein, denn das Unbekannte, die Fragen und Ängste, die Schmerzen und Beschwerden – du hattest einen schlimmen Fieberanfall, der deinen ganzen Körper schüttelte – waren so groß, daß du darum gebeten hast, den diensthabenden Nachtarzt zu holen. Was er dir gesagt hat, weiß ich nicht, aber was er bei dir angerichtet hat, spürte ich am nächsten Tag. Er hat dich jedenfalls gründlich aufgeklärt, auch darüber, daß du deine Haare verlieren wirst. Mir war am nächsten Morgen sofort klar, daß es ein sträflicher Fehler von uns war, mit dir darüber nicht gesprochen zu haben. – Aber Mut ist eine Gabe, die man sich nicht kaufen oder befehlen kann. Mut muß in einem wachsen.

* HOK'sches Schema: Eine Form der Chemotherapie, benannt nach Prof. Dr. Hans Otto Klein

** Subclaviakatheter: Venenkatheter im Bereich des Halses

Am Freitag ging es los. Du vertrugst die Therapie blendend, im Verhältnis zu dem, was man sonst wohl gewohnt war. Auch hattest du jetzt ein Einzelzimmer, und einer von uns konnte auch nachts bei dir bleiben.

Am Sonntag mittag kam Vater mit Matthias und Christian. Die Freude, daß wir fünf endlich wieder einmal zusammen waren, war auch bei dir sehr groß. Christian, der eine Lehre in einem Sportgeschäft machte, hatte vier oder fünf Trainingsanzüge für dich zur Auswahl mit, was du sehr lieb von ihm fandest. Am größten war aber unser aller Glück, daß es deiner Lunge nach zwei Therapietagen offenbar schon so viel besser ging, denn du hattest die Sauerstoffzufuhr bereits gestern abgestellt. Du konntest seit heute wieder kräftig und deutlich sprechen und wolltest selbst aus einem Buch weiter vorlesen. Noch nie in meinem Leben habe ich erlebt, daß Glück so anstrengend sein kann. – Ich war schweißgebadet.

Am Nachmittag machten Vater und ich »Stabwechsel«. So nannten wir es, wenn wir uns an deinem Bett ablösten. Ich fuhr mit den Jungs zu Tante Eva und ihrem Mann, wo wir mit Oma zum ersten Adventssonntag eingeladen waren. An diesem Tag trug ich alle Hoffnungen der Welt in meinem Herzen.

Wir hatten sehr schnell begriffen, wie wichtig es war, daß wir während der Therapie immer bei dir waren, und wie sehr wir den Erfolg dadurch unterstützten. Wir versuchten mit unserem Bei-dir-sein, deine Angst zu mildern und, wenn möglich, gesprächsweise deine Gedanken auf schöne und hoffnungerweckende Dinge zu lenken. Wenn es die Möglichkeit gab, dir eine Freude zu machen, so versuchten wir alles, es zu tun. Das HOK'sche Schema dauerte acht Tage und war ein voller Erfolg. Jetzt mußten wir anfangen, uns zu organisieren. Wie sollten wir unsere Zeit einteilen? Vater und ich wollten sichergehen, daß einer von uns immer bei dir sein konnte. Ich war beruflich nur halbe Tage eingespannt, Vater wurde im Dienst voll gebraucht. Den einzigen zeitlichen Joker hatte also ich in der Hand.

Ich überlegte, meine Arbeit zu kündigen, aber da erhobst du entschiedenen Protest. Du wolltest, daß unser Leben so normal wie nur irgend möglich weiterläuft. Auch wußtest du um die Bedeutung der Arbeit für mich. Jede einschneidende Veränderung unserer Lebensform hättest du als Verunsicherung empfunden.

Zwischenzeitlich hatte sich um uns ein Kreis von Freunden geschart, die uns alle halfen. Es war die Hilfe bei den praktischen Dingen des Lebens, die uns bei der Bewältigung unseres großen Problems half. Es fing zum Beispiel damit an, daß ein befreundetes Ehepaar uns seinen Zweitwagen zur Verfügung stellte; damit konnten wir unseren »Stabwechsel« viel flexibler und zeitsparender gestalten, oder daß unsere Nachbarin, Frau Braun, die Wäsche auf dem Trockenboden abnahm und sie mir gebügelt hinlegte. Inge, eine Freundin von uns und die Mutter deiner besten Freundin Maren (Marens Vater Hans-Jürgen und dein Vater waren schon in Japan als kleine Kinder Freunde, eine Freundschaft in dritter Generation; die Oma und

Marens Großeltern sind heute noch befreundet), freute sich, dich zu besuchen, obwohl Maren querschnittsgelähmt im Rollstuhl saß. Mit Maren gingst du von Anfang an in die gleiche Klasse im Amos-Comenius-Gymnasium, und schon als Fünfjährige wart ihr miteinander befreundet. Erst im Alter von acht Jahren erkrankte Maren schwer.

5.12.1981

Meine liebe Maren!
Deine Briefe sind immer so kraftgebend. Ich danke Dir für sie. Das Gedicht ist auch wunderbar. Ich werde es mir aufhängen.

Euer Weihnachtskalender bereitet mir sehr viel Freude. Vor allem das kleine Igelchen und das runde Medaillon.

Ich finde es ganz lieb, daß meine Musiklehrerin, Frau Bell, an mich geschrieben hat. Sag ihr bitte, ich habe mich sehr über ihren Brief gefreut, der mich auch aufgebaut hat. Sie hat sich sehr viel Mühe gegeben. Du warst es, so glaube ich, die meine Gedanken in meinen ganz schlimmen Tagen am besten verstehen konnte. Deshalb gibst Du mir ja auch so viel Kraft.

Gestern durch das Telephon hörte ich, daß es Dir nicht so gut geht. Ich und auch jemand anders denken viel an Dich.

Meine gute Maren, sei umarmt, grüße Deine liebe, gute Familie

Deine Belli

Wann immer Inge ein paar Stunden für dich Zeit hatte, kündigte sie es an, damit ich in der Zeit in den

Dienst fahren konnte. Inge hat auch das Problem mit den ausgehenden Haaren gelöst. Nach fünf bis sechs Tagen Therapie hattest du nur noch einen ausgefransten Mottenkopf. Kämmen konnte man das verfilzte Haar nicht mehr. Aber abschneiden? Wir konnten noch nicht einmal darüber sprechen. Ich mußte dir deine rote Baskenmütze von zu Hause mitbringen. Unter diese wurde das verbleibende Haargewurschtel gestopft. Mit Galgenhumor erzähltest du, du würdest jetzt aussehen wie ein Papagei. Einen gelben Pyjama hattest du auch schon an. Inge konnte das nicht ertragen. Sie besprach mit dir, ob es nicht besser wäre, das Haar abzuschneiden. Zum Glück, es ward getan.

Oma war ebenfalls eine große Stütze. Mit vierundsiebzig Jahren fuhr sie – auf öffentliche Verkehrsmittel angewiesen – von Bonn nach Köln, um ganze Vormittage im Krankenhaus zu überbrücken. Mir ist noch nie in meinem Leben der Wert einer Großfamilie und die Bedeutung von Freunden so bewußt gewesen. Aber gepflegt und aufgebaut haben muß man die Freundschaft vorher. Den Wert einzelner Freunde erkennt man in einer so schweren Situation klar und in Sekundenschnelle, wie unter einem Blitzlicht. Zum Glück hatten wir uns nur in einer befreundeten Familie geirrt. Sie zeigte in all der Zeit nicht einmal echte Anteilnahme. Dabei hatte gerade sie so viel Gutes von dir erfahren; es fällt mir heute noch schwer, mit ihnen zu sprechen. Aber das war und blieb die einzige Enttäuschung.

Nach einer Woche war die erste Therapie überstanden. Wir waren alle gespannt auf die neuen Untersuchungsergebnisse. Das CT* zeigte ein starkes Zurückdrängen des Tumors. Wir waren auf dem richtigen Weg. Professor Jäger meinte, er habe mit der Therapie ins Schwarze getroffen.

Jetzt kam es darauf an, die Leukopenie** zu überstehen. In der Zeit nach der Therapie war dein Blutbild immer ganz schlecht. Dein Immunsystem lag sozusagen am Boden. Jeder kleine Bazillus konnte dich umwerfen.

Um jede Ansteckungsgefahr zu vermeiden, mußten wir uns in Isolation mit dir begeben. Wir durften nach Möglichkeit das Zimmer nicht verlassen, und wenn überhaupt, dann nur mit Extrakittel und Mundschutz. Besucher durften nur mit sterilen Kitteln und Mundschutz zu dir. Es war ein großer Umstand, aber wir versuchten, dieser Zeit auch etwas Schönes abzugewinnen. Ich besorgte für dich und für mich schöne Bücher. Du durchlebtest in dieser Leukopeniephase *Vom Winde verweht*, später *Angélique* durch alle Bände. Ich las *Michelangelo* und *Vincent van Gogh*. Dann hatten uns die Jungs die schönsten Musikkassetten aufgenommen, bald hatten wir sogar einen Fernseher. Später blieben auch Christian und Matthias in der Leukopeniephase über das Wochenende oder in ihren Ferien für zwei oder drei Tage bei dir. Alles, was an Zerstreuung und schönen Erlebnissen in dieser einengenden Umgebung möglich war, versuchten wir in vollen Zügen zu genießen.

* CT: Computertomographie

** Leukopenie: Verminderung der Gesamtleukozytenzahl unter $5000/mm^3$; Leukozyten sind die weißen Blutkörperchen

In dieser ersten Leukopeniephase war für dich das Thema Weihnachten beherrschend. Du hattest das große Bedürfnis, allen eine Freude zu machen. Du stricktest Mützen und schriebst Briefe. Sogar an deine alte Klasse hast du einen Brief geschrieben, den dein Klassenlehrer allen vorlas. Leider ist dieser Brief nicht mehr auffindbar, aber ich kann mich an seinen Inhalt erinnern. Du warst dir aufgrund deiner Krankheit bewußt, welches Geschenk es ist, lernen zu dürfen, und du hast das mit einem entsprechenden Dank zum Ausdruck gebracht. Wenn ich Lehrer gewesen wäre, hätte ich mir diesen Brief gerahmt. Deinen Weihnachtsbrief an Ines habe ich aber noch.

12.12.1981

Liebe Ines!
Ich will Dir und Deiner Familie ein gesegnetes und schönes Weihnachtsfest wünschen. Ich hoffe für Dich, daß das Neue Jahr viel Gutes und Schönes für Euch alle bringt.

Das jetzt verrinnende Jahr scheint viel Pech gebracht zu haben, aber so schlimm es auch war, ich möchte diese Zeit eigentlich nicht missen, weil ich viele schöne Gespräche mit meinen Eltern hatte und auch jetzt viel schneller zufrieden und glücklich bin, weil mir jetzt erst bewußt wird, wie glücklich man sein kann, gesund zu sein.

Ich habe auch so viel Liebe in dieser Zeit bekommen, wie ich es niemals gedacht hätte.

Im Alltag hat man angeblich so wenig Zeit, aber als ich krank war, hatten plötzlich alle für mich Zeit.

Es kann einen richtig glücklich machen, und diese große Anteilnahme hat mir viel Kraft und Mut gegeben. Ich spinne jetzt schon mit meinen Eltern Gedanken, wo wir unsere Ferien verbringen wollen, damit ich wieder ganz gesund werde und sich meine Eltern richtig erholen können.

Meine liebe Ines, ich wünsche Dir alles Gute,
viele Grüße und Küsse an Euch alle
Deine Isabell

Du erfuhrst auch von einer Weihnachtsfeier für die Schwestern und Ärzte der Station in Köln. Ich besorgte für jeden einzelnen eine kleine Sektflasche, und wir verpackten jede wie eine Arzneiflasche aus der Apotheke. Als Beipackzettel hingen wir für jeden ein kleines Kärtchen in Form eines Rezeptes daran, damit jeder wußte, welche Medizin du jedem verordnen wolltest: für den einen etwas gegen seine Hektik, für den anderen etwas für sein zu steigerndes Selbstbewußtsein, Professor Jäger verordnetest du Schießpulver, damit er auch weiterhin zielsicher die Tumorzellen trifft! – Es waren sehr lustige Einfälle dabei, und am nächsten Tag hörten wir, welche Freude und Fröhlichkeit du damit ausgelöst hast. Nach kurzer Zeit warst du der Liebling auf der Station.

Am 18. Dezember durfte ich dich nach Hause holen. Auf den Straßen und selbst auf den Autobahnen herrschten chaotische Schneeverhältnisse. Vater war in Wiesbaden in einer Prüfungskommission. Ich hatte dir und ihm versprochen, dich nach meinem Dienst mit unserem Wagen abzuholen. Aber es war nicht zu verantworten. In meiner Not bat ich einen Freund um Hilfe. Er schickte mir einen schweren Wagen mit Fahrer, Standheizung und Autotelefon. Wir kamen drei Stunden später an als verabredet. Du warst sehr sauer, denn schließlich waren es drei Stunden deines restlichen Lebens, drei Stunden von deiner kostbarsten Zeit, der Zeit in Freiheit und ohne Schmerzen, der Zeit mit der höchsten Lebensqualität.

In Köln hatte man uns zum Abschied ein Rezept in die Hand gedrückt und außerdem den Termin für die nächste Therapiefolge auf den 28. Dezember 1981 festgelegt. Wir hatten also neun wertvolle Tage, und das über Weihnachten.

Wir versuchten, aus jedem Tag das Beste zu machen. Auch mußtest du dir selbst wieder gefallen. In den Spiegel zu gucken war für dich schlimm. Die Haare waren durch die Therapie ausgemottet und von uns nur laienhaft gekürzt worden. So konntest du dich nicht akzeptieren. Ich bat meinen Friseur zu uns nach Hause, und der gute alte Herr Beckermeyer kam persönlich und schnitt dir aus den verbliebenen Haaren ein kleines Fellchen. Jetzt konnte man wenigstens deine schöne Kopfform bewundern. Dieses kleine Fellchen stand dir sehr gut, und deine ausdrucksstarken Augen kamen noch besser zur Geltung. Warum hatten wir das nicht schon vor Beginn der Therapie gemacht!?

Weihnachten war in Windeseile vorzubereiten. Einen Baum hatten uns Freunde besorgt, Geschenke für dich und uns trafen täglich ein. Für Weihnachtsgebäck sorgten gleich mehrere liebe Freundinnen. Allseits spürten wir Anteilnahme und Freude darüber, daß du für ein paar Tage zu Hause sein konntest.

In der Aufregung der letzten Wochen hatten Papa und ich total vergessen, daß am 22. Dezember unser zwanzigster Hochzeitstag war. Du kennst unsere Vorliebe, die wichtigen und besonders schönen Tage in unserem Leben zu feiern. Ich ging gerade am Weinhaus Maternus vorbei, als mir das einfiel. Es war der 22. Dezember, vormittags, elf Uhr. Ich dachte: »Das darf doch nicht wahr sein! Wir sind zwanzig Jahre verheiratet, und immer noch mit demselben Mann, und du vergißt das!« Ich ging zu Frau Maternus und fragte sie, ob sie für den Abend noch einen separaten Raum frei habe und uns ein Ober ohne Husten und Schnupfen bedienen könne. (Immerhin waren deine Leukos infolge der Leukopenie noch sehr gering.) Sie hatte! Wir besprachen kurz die Speisenfolge, ich klärte sie über deine Situation auf und rannte nach Hause. Mittlerweile war es zwölf Uhr mittags, um acht Uhr abends wollte ich im Weinhaus Maternus ein Fest feiern, und die Gäste wußten noch nichts davon!

Du warst sofort begeistert. Vater war tagsüber in Wiesbaden und kam erst nach der Weihnachtsfeier gegen zwanzig Uhr nach Bonn zurück. Er sollte überrascht werden. Christian, Matthias und Marie waren klar. Tante Brigitte und Oma, unsere Freunde Inge und Hans-Jürgen, Hajo und Löw, alle aus Bonn, sagten sofort zu, Siegfried und Ulli aus Mannheim sowie Lou und Albert, unsere Freunde aus Antwerpen, kamen trotz Schnee und eisglatter Fahrbahn praktisch nach dem Telefonat von jetzt auf gleich.

In Wiesbaden hatte ich angerufen und Vater bestellen lassen, er möge nicht nach Hause, sondern direkt ins Weinhaus Maternus kommen.

Wir waren schon um halb acht da. Du hattest den Ehrenplatz und konntest dir deine Tischherren aussuchen: Auf Hajo und Hans-Jürgen fiel die Wahl. Ich konnte es dir nachfühlen. Löw konnte leider nicht kommen, denn sie fürchtete, dich mit ihrem Husten anzustecken. Sie schenkte dir aber einen sehr hübschen kleinen Granatring, den Hajo mitbrachte. Ich trage ihn heute noch. Das alles war schon in Festtagsstimmung geschehen, als Vater gegen acht völlig überwältigt hereinkam. In dem Moment erst wurde ihm bewußt, daß heute unser Hochzeitstag war, und er war glücklich über die Feier. Wir feierten in Dankbarkeit für so vieles an diesem Abend. Gegen zehn Uhr warst du erschöpft, und wir fuhren nach Hause.

Sicherlich hatte dich dieses Fest Kraft gekostet, aber dir mindestens ebensoviel innere Stärke geschenkt. Wir alle waren zutiefst beglückt.

Heilig Abend wollten wir in die Kirche. Du bestandest darauf, daß wir gingen. Unser Verhältnis zur Gemeindekirche war etwas abgeklungen, nachdem dein Konfirmandenpfarrer in eine andere Gemeinde verzogen war; und mit dem zweiten Gemeindepfarrer konnten wir uns alle nicht anfreunden. Matthias hatte sich zum Konfirmandenunterricht mit seinen Klassenkameraden in einer anderen Gemeinde angemeldet. Dort hörten wir mit unseren Söhnen die Familienweihnachtsfeier. Die Wünsche, die wir alle auf einen Zettel in Form eines roten Sternchens schreiben sollten, waren bei allen die gleichen, »daß Belli gesund wird!« Zu Hause wieder angekommen, sollte beschert werden. Es sollte nach Möglichkeit alles so sein wie immer. Vater zündete die Kerzen des Weihnachtsbaumes an, und wir versuchten zu singen. »Oh, du fröhliche...!«

Hätten wir das doch lieber sein lassen. Die Kerzen nahmen dir den Sauerstoff, und uns allen schnürte es das Herz zu. Uns liefen die Tränen, es war unerträglich. Einer von uns riß die Balkontür auf, damit du wieder atmen konntest. Nachdem wir uns wieder beruhigt hatten, machten wir uns an die Geschenke. Das schönste für dich waren die Geschenke, die *du* selbst machen konntest. Ich bekam von dir einen selbstgestrickten weißen Pullover, Matthias eine selbstgestrickte Tennisweste. Er trägt sie heute noch.

Wir hatten mit dem Auspacken der Geschenke und dem Lesen der vielen lieben Briefe Stunden zu tun. Menschen, die wir aus unserem unmittelbaren Gesichtsfeld verloren hatten, machten dir und uns Mut und schenkten uns Freude. Trotz aller seelischer Erschütterung war es ein gesegnetes Fest.

Am zweiten Weihnachtsfeiertag machten die Jungs sich auf in den Schwarzwald nach Altglashütten zur Familie Beck, bei der wir seit vierzehn Jahren in der ausgebauten Tenne unsere Ferienwohnung zur Weihnachtszeit gemietet hatten. Die Herbergseltern, Gerda und Ernst, sind im Laufe der Jahre unsere Freunde geworden. Gerda hatte schon vor Weihnachten angerufen und die Jungs eingeladen. Sie sollten kommen, wann immer sie wollten. Nun war es soweit. Da wir am 28. Dezember wieder in der Kölner

Klinik sein mußten und uns über Silvester hätten zerreißen müssen, wenn die Jungs zu Hause gewesen wären und du in der Klinik, war es so ein Geschenk des Himmels für uns.

So sehr wir wußten, daß wir jetzt unsere gesamte Kraft, Zeit und Liebe auf dich konzentrieren mußten, waren wir uns trotzdem darüber im klaren, daß uns Christian und besonders Matthias in dieser schweren Zeit bitter nötig brauchten. Schließlich war Matthias erst vierzehn und Christian neunzehn Jahre alt. Sie waren in dieser Zeit fast völlig sich selbst überlassen.

Theresa, meine portugiesische Hilfe, tat mit ihrem wirklich gütigen Herzen und mütterlichen Wesen ihr Bestes, aber Vater und Mutter konnte sie ihnen nicht ersetzen.

Nun fuhren sie zu Gerda, und Gerdas Herz war groß, und außerdem trafen sie dort Freunde.

Welche Unfallgefahren aus dieser seelischen Überreiztheit entstehen können, mag eine kleine Begebenheit dokumentieren. Wie gesagt, in diesem Jahr hatte es kräftig geschneit, auch im Schwarzwald. Freunde holten die Jungs vom Bahnhof ab. Christian betrat den Bahnsteig – Umarmung. Wo aber war Matthias? Eben war er noch im Abteil. Man rief, suchte den Zug ab, der Zug setzte sich in Bewegung. Nachdem er den Bahnhof verlassen hatte, sah man Matthias jenseits der Schienen in einer Schneewehe mit seinem Koffer stecken. Er war auf der falschen Seite ausgestiegen. Alle lachten, aber diese Geistesabwesenheit hätte auch bittere Folgen haben können!

Am 28. Dezember ging es wieder nach Köln. Dieses

Mal gehörten wir schon zu den »Alten«, die einander kannten und sich freudig begrüßten. Wir hatten ja noch keine Ahnung, daß man auf einer Tumorstation – mit jeder Therapie mehr – zu einer Schicksalsgemeinschaft zusammenwächst. Die junge Frau hatten wir doch schon im November gesehen. Sie hatte das Tuch immer so geschickt um ihr Köpfchen gebunden. Und die alte Dame mit dem beneidenswerten weißen, kräftigen Haar. Wir müssen Basti, die spanische Putzfrau und Seele der Station, nachher einmal fragen.

Wir kamen in »unser« altes Zimmer. Es war schon wie ein Stück Zuhause. Einen Fernseher brachten wir dieses Mal mit und deine Flöte. Ich hatte offiziell Urlaub genommen und konnte ohne Hetze und schlechtes Gewissen den Jungs gegenüber bei dir bleiben. Am 29. wurde der Subclavia gelegt, am 30. ging es wieder los. An diesen Subclavia kann ich mich noch deutlich erinnern. Wir fuhren mit einem Krankenhausbus zum Haupthaus; das ging ja noch. Das Einsetzen eines Venenkatheters im Bereich des Halses ist kein ganz einfacher Eingriff. Es wurde jedesmal von einem anderen diensthabenden Arzt gemacht, zu dem man keine Beziehung hatte. Dieser junge Arzt wollte mich wegschicken. Da hatte er sich aber in uns beiden geirrt. Wir bestanden beide darauf, daß ich dabeiblieb. Hinterher war er sehr froh darüber. Denn das, was diese Mammutklinik nicht bieten kann, eine vertrauensvolle Bezugsperson als Arzt, konnte ich zum Teil ersetzen. Warum macht man in Krankenhäusern von Müttern nicht mehr Gebrauch? Der Katheter war gesetzt, du solltest wieder aufstehen und eine Flasche, aus der eine Flüssigkeit in den Katheter tropfte, mit der Hand immer in Höhe des Kopfes halten. Dein Arm war sozusagen dein eigener Tropfständer. Im übrigen könnten wir mit dem Klinikbus zur Station zurückfahren.

Eine halbe Stunde nach dem Eingriff warst du wieder in deinem Bett. Ich war zutiefst deprimiert. Hoffentlich hast du das nicht bemerkt.

Da spricht man bei diesen Therapien immer von Verbesserung der Lebensqualität und begreift nicht, daß diese Lebensqualität besonders bei Menschen, die den Rest ihres Lebens nur noch in Wochen und Monaten zählen können, im Alltag des Krankenhauses anfängt! Die Lebensqualität dieser Patienten wird nicht nur bestimmt von dem Grad der Schmerzen, denen sie ausgesetzt sind, sondern auch von der Menschlichkeit und Würde, mit der man ihnen begegnet. Die Freiheit, ihr persönlicher Bewegungsspielraum, ist der dritte Faktor.

Am 31. Dezember kam Vater. Zu Silvester wollten wir drei zusammensein. Wir hatten aber nur zwei Betten. Einer von uns beiden mußte nach Hause fahren, aber keiner wollte. Ich weiß nicht mehr, wie wir das Problem gelöst haben. Ich weiß aber, daß wir die letzten Stunden des Jahres recht fröhlich verbracht haben. Zuerst spielten wir Skat. Das war ganz lustig. Vater saß psychologisch gesehen zwischen zwei Stühlen. Normalerweise reißt er beim Skat jedes Blatt an sich, will immer das Spiel machen und natürlich gewinnen. Dieses Mal wollte er aber dich so gerne glücklich machen und wollte, daß du gewinnst. Das führte zu den sonderbarsten Spielzügen. Da ich beim Skat immer das »Frettchen« mache, war es nicht schwer, die Laterne auch dieses Mal an mich abzugeben.

Für das Silvestermenü hatten wir etwas Besonderes zum Essen organisiert. Die Nachtschwester luden wir ein. Zum Glück nahmst du keinen Anstoß an unserem Essen. Um Mitternacht zeigten wir dir das Feuerwerk.

Vorher lachten wir noch herzlich über den Fernsehfilm *Dinner for one*. Das neue Jahr begann. Was wird es wohl bringen? Wir stellten uns die gleiche Frage, die sich fast alle Menschen zur Jahreswende stellen. Bloß lagen für uns die Möglichkeiten weiter auseinander. Wendet sich das Schicksal zum Guten, oder bringt das neue Jahr das Ende?

Am 6. Januar hattest du es wieder geschafft und das zweite HOK'sche Schema überstanden. Dieses Mal wußten wir schon, daß die Tage nach der Therapie die schmerzfreiesten waren. Und von diesen lebenswerten Tagen wolltest du möglichst viele gestalten und in Freiheit verbringen. Zuerst becirctest du Professor L.: Du könntest doch auch zu Hause..., da hätten doch viel weniger Schnupfen und Husten..., warum man das denn so eng sehe, und hier komme Basti doch auch mit dem Putzlappen rein...! Zum guten Schluß blieb ihm nichts anderes übrig, als sich weniger deinen Argumenten als deinem Charme zu ergeben. Die erste Bastion war genommen. Jetzt mußte man nur noch Professor Jäger überzeugen. Das war schon viel schwieriger, aber mit deinen großen braunen Augen gelang dir auch das. Du durftest nach 5 Tagen Leukopenie nach Hause. Vorher bekamst du noch ein paar

Bluttransfusionen, damit sich das Blut schneller regenerierte. Du mußtest Professor Jäger versprechen, in den ersten Tagen keine Besuche zu empfangen.

Wir spürten, es ging bergauf mit dir. Körperlich fühltest du dich besser, und du hattest die Aussicht, die nächsten einundzwanzig Tage deines Lebens zu Hause zu gestalten. Als deine Leukos hoch genug waren, durften dich deine Freunde besuchen. Vorher besorgten wir noch ein paar Perücken. Eine Friseuse kam mit einer Auswahl von Exemplaren: lang, kurz, mit und ohne Pony. Eine Perücke war fürchterlicher als die andere, denn selbst die schönste konnte das eigene Haar nicht ersetzen. Du kamst auf die Idee, Hüte und Baskenmützen zu tragen. So blitzten unter den diversen Hütchen nur ein paar Haarspitzen heraus, und das war für dich erträglich.

Jetzt konnten die Freunde kommen. Und sie kamen, selbst Maren in ihrem Rollstuhl. Was war das von Inge und Hans-Jürgen ein großartiger Einsatz! Und was hat Maren dir geholfen und dir gezeigt, das Schicksal zu akzeptieren, zu lernen – mit dem Rest an Leben, der geblieben ist –, glücklich zu sein. Sie trug ihr Schicksal schon sieben Jahre, und sie war an Reife, Leidensfähigkeit und Lebensplanung euch allen voraus. Sie war dir in all der Zeit ein großes Vorbild und hat dir viel Kraft gegeben. – Du fingst an, darüber nachzudenken, ob Lebensglück wirklich erst beim Tennisspielen anfängt.

Als Familie atmeten wir in diesen Tagen sehr auf, denn diese Therapiepause war die entspannteste. Wir waren sicher, es ginge jetzt immer weiter bergauf.

Auch verlief das Leben wieder einigermaßen normal. Vater ging in den Dienst, Christian ins Geschäft, Matthias und Marie zur Schule, ich ins Büro. Theresa, unsere portugiesische Hilfe, kam jeden Vormittag. Ich ging schon vor acht Uhr aus dem Haus und war froh, ein paar Stunden vor- oder nachzuarbeiten. Du schliefst meistens bis zehn Uhr. Dann nahmst du ein Bad; manchmal kam Oma oder eine meiner Freundinnen vorbei. Oft riefst du bei mir im Büro gegen elf Uhr an, und wir machten Pläne für den Nachmittag. Es war für mich eine große Hilfe, daß meine Arbeitsstätte nur fünfhundert Meter von der Wohnung entfernt lag. So hatte ich immer die Sicherheit, sofort bei dir sein zu können. Und auch für dich war es eine Beruhigung. Wenn ich gegen Mittag nach Hause kam, waren Essen und Haushalt gemacht, und wir konnten den Nachmittag und Abend genießen.

In den letzten Tagen vor der dritten Therapie gingen wir sogar in die Stadt einkaufen. Du hattest große Freude daran; es waren kleine Dinge, hier eine hübsche Teedose, dort einen kleinen silbernen Ring oder eine Badetasche für den Sommer. Keine unbedingten Notwendigkeiten, alles kleiner, unbedeutender Luxus. Aber für dich war der Ring das Perlengeschmeide, das du dir erträumtest, später als reife Frau geschenkt zu bekommen; die hübsche kleine Teedose war ein Teil deiner Aussteuer, und die Badetasche verhalf dir zu einem Traum in die Karibik.

Noch nie in meinem Leben habe ich so viel Freude beim »Einkaufen-gehen-können« empfunden. Ich war dankbar, daß wir die finanziellen Möglichkeiten dazu hatten. Aber wie viele Eltern tumorkranker Kinder gibt es, die nur das Notwendigste kaufen können und oft noch nicht einmal das?!

Die schönen Tage zu Hause gingen zu Ende. Am Montag, dem 1. Februar 1982, mußtest du wieder in Köln sein. Den Sonntag wollten wir noch tüchtig feiern. Wir hatten alle den Wunsch, ihn mit der Familie v. Moltke zu verbringen. Wir kannten sie und ihre Kinder schon seit der Zeit in der Grundschule. Du und Johannes, ihr seid danach zusammen aufs Amos-Comenius-Gymnasium und in die gleiche Klasse gegangen. Die Zwillinge, Dorothea und Daniel, waren Matthias' Jahrgang. Die beiden Jungs waren gute Freunde, und dies war für uns Eltern ein Geschenk. Wir spürten, wie einsam Matthias in dieser Zeit war, und konnten so wenig helfen. Moltkes fingen ihn auf. Die Eltern, Ulrike und Konrad, erklärten ihm, daß er bei ihnen jederzeit ein Zuhause habe, und gaben ihm nicht nur symbolisch den Hausschlüssel, sondern auch das Gefühl, jederzeit willkommen zu sein.

Wir trafen uns mit ihnen im Club zum Brunch und feierten diesen Sonntag. Das vierte Moltke-Kind Jacob – den kleinen Nachzügler – brachten sie auch mit. Es war ein ungezwungener und fröhlicher Sonntag, und es gab keine düsteren Gedanken.

Am 1. Februar ging es wieder nach Köln. Seit ein paar Tagen schmerzte dich dein linker Fuß. Hing es mit der Operation im letzten Jahr zusammen? Eventuell die Nägel, die noch im Knöchel waren?... Oder waren es Metastasen? Ein Knochenszintigramm* wurde gemacht. So ganz konnten die Ärzte sich nicht einigen. Zum Teil sah man wohl etwas, zum Teil hoffte man, daß die Beschwerden von den Nägeln rührten. Man plante, die Nägel nach zwei weiteren Therapien zu entfernen. Die gesamte Auskunft war etwas schwammig und unpräzise. Es war eigentlich nicht deine Art, dich damit zufriedenzugeben, aber wir waren bereits so auf eine Heilung deiner Krankheit programmiert, daß wir auch gar nicht genau darüber nachdenken wollten.

Dieses Mal durften wir sogar während der Therapie für eine Nacht mit dir nach Hause. Der vierte Tag im HOK'schen Schema ist therapiefrei und fiel auf einen Samstag. Die Visite von Professor L. wurde genutzt: Man wird doch wenigstens mal fragen können! Ich wußte um die Schwere der Verantwortung und die Konsequenz für die Ärzte, wenn sie so etwas erlauben – und sie dürfen es nicht. Auf der anderen Seite wußten wir beide, daß diese Stunden zu Hause, diese paar Stunden Normalität, so viel bewirkten wie die halbe Therapie. Es half, die seelische Balance zu stabilisieren. Die Tage der qualvollen Therapie konnten durch die Tage des schmerzfreien Lebens in Freiheit aufgewogen werden. Und jeder lebenswerte Tag erhöhte die Bereitschaft, die nächste Therapie zu ertragen. Zum Glück wußte Professor L. das auch

* Szintigramm: mit Hilfe einer Szintigraphie gewonnene Bilddarstellung, bei der die Dichte der Strichfolge proportional der Aktivitätsverteilung wiedergegeben wird (z.B. Rot für viel Aktivität)

und ließ uns nach Hause. – Warum verschafft man in der Krankenhausverwaltung den Ärzten nicht einen Spielraum, daß sie bei schwerstkranken Patienten flexibler entscheiden können?

In diesen Tagen der Therapie warst du oft deprimiert und verzweifelt. Es bedrückte dich sehr, daß unser aller Leben durch deine Krankheit beeinträchtigt wurde. An ein Gespräch kann ich mich deutlich erinnern: Du sprachst davon, daß du durch deine Krankheit unser aller Leben belastest. Ich versuchte dir zu erklären, daß ich es nicht als Belastung empfinde, sondern als Möglichkeit, mit meinem Kind zu einem ganz intensiven Verhältnis zu gelangen. Mein Leben war noch nie von einem so tiefen Sinn erfüllt. Ich konnte durch mein bloßes »Dasein« einem Menschen die Angst nehmen oder zumindest mindern. Vielleicht war der Ausgangspunkt deiner Frage eine leicht dahingesagte Bemerkung eines fremden diensthabenden Arztes, der uns beide eines Samstags morgens wie abends in deinem Krankenzimmer antraf und völlig verblüfft fragte: »Was, Sie sind immer noch hier?« – »Ich lebe hier bei meiner Tochter, während sie in Therapie ist. Ich mache hier Urlaub!« Völlig fassungslos antwortete er: »Was, Sie machen hier Urlaub, hier im Krankenhaus?« Er staunte, und ein bißchen schwang auch Respekt mit. – Ich hatte in der Firma zehn Tage Urlaub genommen. Für mich war es unter den Umständen eine schöne Zeit. Ich konnte mich ohne Hetze dir ganz widmen und spürte, wie gut dir das tat, was mich wiederum zutiefst beglückte.

In dieser Therapie lerntest du auch Frau Dr. P. kennen. Sie ist Oberärztin an der Kölner Kinderklinik, und wir kannten sie schon seit zehn Jahren. In einer verzweifelten Stunde suchte ich das Gespräch mit ihr. Sie konnte mir mit ihren Gedanken sehr helfen, vor allem aber konnte sie unglaublich gut zuhören. Von ihr lernte ich, daß man auch mit dem Gedanken an den Tod leben kann und einem schwerkranken Menschen vor allen Dingen keinen Gefallen tut, diese Gedanken zu verdrängen. Daß jeder Mensch ganz anders bereit ist zu kämpfen, wenn er um die Schwere und Endgültigkeit des Kampfes weiß. Das Wichtigste aber, was sie mir vordachte, war der Weg, am Ende einen geliebten Menschen loszulassen, damit er in Frieden sterben kann. Ich wußte, ich mußte jede Minute mit dir nutzen. Nicht in der zeitlichen Verlängerung deines Lebens lag die Erfüllung unseres Schicksals, sondern in der Güte und Intensität, wie wir dieses uns von Gott geschenkte gemeinsame Stück Leben gestalteten.

Du freutest dich jedesmal, wenn Frau Dr. P. dich in der Zeit der Therapie besuchte, und es entstand ein tiefes Vertrauensverhältnis und später eine ganz innige Freundschaft zwischen euch.

Anfang Februar schrieb Matthias einen Brief an dich, der dich wohl sehr gefreut hat.

Liebe Schwester!
Ich weiß nicht, wo ich anfangen soll, aber ich will
mal da anfangen, wo ich Dir das erstemal begegnet bin.
Dies war doch, glaube ich, im Kinderbett. Du warst
immer, und bist es noch, ein aufgewecktes Ding. Sprang
und hüpfte überall herum. Nicht zu stoppen war Deine

enorme Ausstrahlung. Die Zeit schritt voran, und wir wurden älter. Immer warst Du mir zur Seite, wie Du mir noch immer zur Seite stehen wirst, und hast mir geholfen, wo Du nur konntest. Ich war und bin auch noch so klein, daß ich es gar nicht registrierte. Als ich so langsam wuchs, wie auch Du, merkten wir, daß wir beide auch Kräfte hatten, wie noch heute. Wir merkten auch, daß man sie gebrauchen konnte, um sich gegenseitig zu ärgern, jedoch weiß ich, daß dies nur Übermut war, denn wir hatten und haben uns ja beide so lieb.

Die Jahre zogen vorüber. Aus Dir, der Du mal ein »Junge« warst, wurde ein hübsches, zierliches Mädchen. Eine neue Phase begann. Ich glaube, ich hatte Angst, einen guten Spielkameraden aus der »Buddelkiste« zu verlieren, darum neckte ich Dich einstweilen mit Namen, als eine Person, die sich schminkt und sich nicht mit kleinen Kindern, die noch im Sandkasten spielen, abgibt. Auch wenn ich beleidigt war, daß Papa Dich manchmal mehr drückte als mich, wie es auch noch sein wird.
Es war – glaub' ich – nur Eifersucht, weil ich auch noch etwas Liebe von dem heranwachsenden Fräulein haben wollte und auch noch haben will. Doch die Zeit blieb nicht stehen, wir beide wurden immer älter, es kam die Zeit, als Du in den Kindergarten kamst. Ich durfte noch nicht. Es muß eine bittere Zeit gewesen sein, als ich Dich immer erst um zwölf Uhr sah, wenn der Kindergarten zu Ende war. Ich wartete immer am Fenster und sehnte mich nach Dir. Dann endlich sah ich Dein kleines Köpfchen, das sich mir zuwandte und mir ein strahlendes Lächeln, wie die Strahlen einer aufgehenden Sonne, die einen immer wieder faszinieren, entgegenwarf.

Wie froh war ich doch, als ich dann endlich in den Kindergarten kam, mich an Deinem Rockzipfel festhielt wie an Deiner Hand, die mich immer zu meinen anderen Spielkameraden, die auch noch da waren, hinwies. Ich dachte damals, daß Du mich nicht mehr wolltest, aber das war nicht so, Du wolltest mir nur zeigen, daß ich nicht immer bei Dir sein konnte, sondern auch mal andere Spielkameraden kennenlernen sollte. Dies half mir sehr. Doch es kam die Zeit, als Du nicht mehr in den Kindergarten gehen mußtest. Denn Du kamst schon in die Schule. Ich war noch so klein, ein kleines, dummes Unwichtiges auf der Welt. Ich beendete auch meine Zeit im Kindergarten und kam in die Grundschule, und zwar in die erste Klasse. Wie schön war es doch, als ich von Dir empfangen wurde. Du warst inzwischen in der zweiten Klasse, und mit Deinem Lächeln hattest Du ein Freundesheer errungen, welches mir in Situationen, wie bei Streitigkeiten mit Klassenkameraden, stets beiseite stand. Doch auch diese schöne Zeit verging. Du kamst ins Gymnasium, in die hohe Schule. Ich blieb noch in der Grundschule, der Schule für die Kleinen. Schon geriet ich in Konflikt mit anderen. Doch die Zeit verging, und ich kam auch ins Gymnasium. Ich war wieder geborgen. So wie Du mich in die Schule und in den Kindergarten hineinbrachtest, so brachtest Du mich zum Beispiel auch in den Tennisclub. Alle kannten sie mich, da sie das Mädchen mit dem strahlenden Lächeln kannten. Du hast mich, wie überall, eingeführt.

Was ich sagen will, oder besser, was ich meine, ist, daß Du wie eine Stütze aus Diamanten bist, gleich dem Gestein, welches das härteste Gestein ist, auf das man sich verlassen kann, wie man sich auf Dich verlassen kann.

Liebe Isabell, meine Schwester, ich will Dir sagen, daß ich Dich unendlich liebe, daß meine Liebe zu Dir hält, besonders in schweren Zeiten. Eine Blume, die keine Sonnenstrahlen bekommt, verwelkt. Diese Blume bin ich, Dein Bruder, der Deine lebenbringenden Sonnenstrahlen braucht. Ich fühle, wie meine Blätter welken.

Liebe Schwester, ich wünsche Dir von ganzem Herzen Glück, denn wir alle brauchen Dich, Deine Liebe und Dein Lächeln. Wir freuen uns schon alle, wenn Du wieder nach Hause kommst.

Dein Dich liebender Bruder
Huckebutz (der kleinste)

PS. Du brauchst mir keinen Brief zu schreiben, verschwende Deine Kraft nicht. Ich weiß, daß Du mich liebst, genauso wie ich Dich liebe von ganzem Herzen!

KNUTSCH!

Wir wünschen Dir alles Gute!!!

Wir freuen uns, wenn Du wieder nach Hause kommst.

Am 15. Februar durften wir wieder nach Hause und hatten vier Wochen Pause.

Am 16. Februar brachte ich Matthias wegen einer vergleichsweise simplen Sache ins Krankenhaus. Er hatte immer verstopfte Nasen- und Stirnhöhlen und dadurch ständig Schnupfen. Normalerweise hätten wir mit der Operation der Nasenscheidewand noch länger gewartet, aber unter diesen Umständen erschwerte es ein Zusammensein mit dir sehr. In der Leukopenie durfte er aus Furcht vor Bazillen überhaupt keinen

Kontakt mit dir haben und lebte dann bei der Familie von Moltke. Diesen Umstand mußten wir auf alle Fälle ändern. Professor Maurer riet, die verengte und verknorpelte Nasenscheidewand zu operieren. An und für sich ein normaler Eingriff, aber für Matthias unter den Gesamtumständen extrem schwer. Ich konnte mich nicht so um ihn kümmern, wie er es sich ersehnt hatte. Er hoffte bestimmt, ein Stück Liebe, Zuwendung und Anteilnahme nachgeliefert zu bekommen. Aus seiner Verzweiflung und Enttäuschung fand er zum Glück selber heraus.

Als Matthias aus dem Krankenhaus entlassen wurde, waren unsere Gedanken alle auf deinen sechzehnten Geburtstag am 3. März 1982 konzentriert. Wir wollten ihn mit all unseren Freunden fröhlich feiern. Aber das große Fest durfte nicht zu anstrengend für dich sein. Wir zählten die Freunde durch und kamen auf vierundzwanzig Personen. Wir luden in den Club ein; dort waren wir sozusagen zu Hause.

Zunächst einmal galt es, das Fest vorzubereiten. Da warst du natürlich gefordert. Für die Tischordnung und Kärtchen warst du verantwortlich. Als Tischherren wolltest du Albert und Siegfried, sicherlich die lustigsten Vögel an der Tafel. Die Tischkärtchen maltest du selbst: außen den Namen und ein Bild, auf der Innenseite für jeden ein paar liebe Worte. Werden sie auch alle kommen?

Und sie kamen alle! Selbst Lou und Albert mit Caroline und Axel aus Antwerpen, Ines aus München, Siegfried und Ulli aus Mannheim – alle nahmen sich an einem normalen Arbeitstag Zeit. Wir wußten, daß es nach den medizinischen Prognosen dein letzter Geburtstag war, aber keiner wollte es glauben. Jeder gab sein Bestes, um dir dieses Fest zu einem unvergeßlichen Erlebnis werden zu lassen. Wir fürchteten zwar, daß es dein letztes Geburtstagsfest sein könnte, waren zugleich aber glücklich, es mit dir noch feiern zu dürfen. Wir konnten noch lange davon zehren, und die Erinnerung daran beglückt mich noch heute.

Am Wochenende nach deinem Geburtstag fuhren wir mit dir das erstemal wieder nach Belgien zu Lou und Albert. Das war ein Beweis, daß es dir wieder gutging, ein Maßstab der Freude und des Lebensglücks. Christian und Matthias kamen auch mit. Du freutest dich auf Lou und Caroline, aber ganz besonders auf Axel. Er hatte genauso schöne braune Augen wie du. Ihr beide unterhieltet euch nur mit Blicken. Aber jeder war vom anderen fasziniert. Axel ist heute ein erfolgreicher, selbständiger Gartenarchitekt. Albert ist im vorigen Jahr an einem Herzinfarkt während des Spiels auf dem Tennisplatz gestorben. Aber das weißt du besser als ich! – An dem Wochenende feierte Lou Axels Geburtstag. Du wurdest in die Feier voll miteinbezogen. Die Geburtstagstorte war selbstverständlich für euch beide. Lou tat wirklich alles, um dir und uns das Wochenende schön zu gestalten. Wann immer wir in Belgien waren, waren es glückliche Tage. Aber Lou kam auch nach Köln oder Bonn, selbst für ein paar Stunden, nur um dir ein wenig Freude und Ablenkung zu bringen. Die ganze Familie liebte dich, und die Freundschaft zwischen dir und Caroline oder Axel war jetzt auch schon eine Freundschaft in dritter Generation. Meine Eltern und Lous

Eltern waren ebenfalls Freunde. Wie schön es ist, wenn man im Leben Früchte ernten kann!

9.3.1982

Hallo mein Engel Doris!
Ich darf immer mehr und mehr machen. Ich habe meinen Geburtstag mit Donner und Paukenschlag gefeiert, meine erste Kurzreise nach Belgien gemacht, werde am Donnerstag für eine Stunde in die Schule gehen und heute nach Bonn einkaufen. Hättest Du nicht gedacht, was? Wahrscheinlich werde ich in die Klasse 9a gehen, da ich es bestimmt nicht schaffen würde, in meiner Klasse zu bleiben.

In der Klasse sind Ingund und Anton, und die Lehrer sind auch ganz gut. Frau Keller ist Klassenlehrerin.

Weißt Du, was mir aufgefallen ist? Ich war gestern im Tennisclub BTHV und habe meine alte Mannschaft besucht. Die waren alle ganz ulkig, so, als ob sie alle nicht wüßten, wie sie mit mir umgehen sollten. Das habe ich jetzt schon bei mehreren Leuten bemerkt. Es haben mir auch schon viele gesagt, daß ich mich verändert hätte.

Mein Onkel hat behauptet, ich sei nicht mehr so fröhlich und lustig wie früher. Dabei fällt mir das gar nicht auf. Ich finde dieses Verhalten mir gegenüber befremdend und finde es auch gar nicht schön. Ich hoffe, das hört bald wieder auf. Überhaupt hoffe ich, daß alles bald wieder normaler wird, nämlich meine Eltern sind fertig.

Liebe Doris, ich wünsch' Dir was, viele Grüße an Deine Eltern

Deine Belli

Bevor wir wieder nach Köln mußten, wolltest du unbedingt noch einmal in die Schule. Du hattest dich so darauf gefreut – und kamst so enttäuscht zurück! Du wolltest auf alle Fälle die Klasse überraschen, aber die Schüler und Lehrer waren nicht vorbereitet. Du hattest dich sehr schick gekleidet. Keß, mit einer Baskenmütze und Sonnenbrille, ein schickes Tuch um den Hals. Du machtest nicht den Eindruck eines schwerkranken Mädchens. Deine Mitschüler waren irritiert. Sie trauten sich nicht, dich anzugucken, um ja nicht auf die Perücke zu starren. Aber war das denn überhaupt eine Perücke? Du sahst doch so schick aus, anstarren wollte man dich ja nicht. Was sollte man mit dir reden? Tausend Fragen hatte jeder. Stimmt es wirklich, daß du Krebs hast? fragte sich jeder, aber keiner traute sich, es auszusprechen. Mußt du vielleicht sogar sterben? Tausend andere Fragen bohrten sicherlich auch. Aber jeder verschloß den Mund aus Angst, etwas Falsches zu sagen. Sollte man sich vielleicht mit dir über das Wetter und die letzte Klassenarbeit unterhalten? Solche Alltäglichkeiten verboten sich von selbst! So oder ähnlich wird es gewesen sein. Und du hattest davon geträumt, daß sie auf dich zukommen, dich in die Arme nehmen, dir sagen, daß sie sich freuen, daß du wieder da bist, daß sie hoffen, daß du weiter so kraftvoll kämpfst, daß sie dich vielleicht bei der nächsten Therapie besuchen und dir von der Schule erzählen und daß sie es ganz toll finden, daß du so gut aussiehst. Aber das Ereignis, das du eigentlich feiern wolltest, hatten wir mit der Klasse nicht vorbereitet.

Am 15. März 1982 ging es wieder nach Köln. Dieses Mal begleitete dich Vater in die Therapie. Es war eine sehr harte Therapie. Man probierte ein neues Schema aus: DTIC. Insgesamt war es deine vierte Therapie. Man hatte schon seine Informationsquellen, der Erfahrungsaustausch auf dem Stationsflur funktionierte. Auch kannte man sich schon so gut, daß man sich gegenseitig im Zimmer besuchte, falls der Zustand es zuließ. Wir hatten gehört, daß die Tumorzellen mit jeder Therapie resistenter werden. Mußte man deshalb die Therapie wechseln? Professor Jäger beruhigte uns und erklärte dir, er wolle noch ein zweites »Schießpulver« haben. Das HOK'sche Schema hebe er für später auf. Aber das DTIC hast du sehr schlecht vertragen. Vater erzählte mir, daß du ihn nachts, wenn du nicht schlafen konntest, oft über das Leben nach dem Tod befragtest, und ihr entwickeltet gemeinsame Vorstellungen. Seine waren dabei etwas abstrakter, deine wohl eher konkret. Einmal war er mit seiner Phantasie und Kraft wohl am Ende, denn er erklärte dir, er könne sich das doch nicht so recht vorstellen. Denn wenn alle Menschen in den Himmel kämen, müsse der ja irgendwann wegen Überfüllung geschlossen werden... Damit war die Nachtruhe wohl wiederhergestellt.

Während des Tages versuchte Vater, dich zum kreativen Schaffen anzuregen. Er ermunterte dich, doch wieder mit der Flöte zu musizieren. Als du noch gesund warst, hatte Musik für dich eine große Rolle gespielt. Mit neun Jahren hast du dich ganz aus eigenen Stücken in der Musikschule zum Klavierunterricht angemeldet, obwohl wir gar kein Klavier hatten. – Es war für Eltern mit Klavier schon schwierig genug, Unterrichtsstunden für ihre begabten Sprößlinge zu bekommen. – Aber du schafftest es auch ohne, schließlich könne man doch bei Freunden üben. Was blieb uns anderes übrig, als ein Klavier zu kaufen. Um dieses Klavier kaufen zu können, gingen wir den ersten und einzigen Ratenvertrag unseres Lebens ein. Du hast es auch zu einigen Fertigkeiten gebracht. Nebenbei spieltest du Flöte. Jetzt fingst du wieder an, an Musik zu denken, und du verlangtest nach deinem Instrument.

Wie der Rattenfänger von Hameln zogst du die Menschen im Krankenhaus in dein Zimmer an. Diese Klänge waren so ungewohnt auf der Station, daß jeder wissen wollte – von Basti angefangen bis zum Professor –, woher sie kamen. In diesen Minuten konntest du alles vergessen. Eines deiner Lieblingsstücke war ein Kanon: »Viele, viele Künste kann der Teufel – aber singen, aber singen kann er nicht.« Wenn einer von uns beiden von dir wegging, und wir waren schon an der Tür, dann sagtest du: »Moment mal, ich spiele dir erst noch den ›traurigen Ton‹.« So nanntest du den Ton a, den du über eine lange Zeit hieltest, der aber immer schwächer wurde. Dann hattest du oft ein Tränchen im Auge, und wenn du sehr gut drauf warst, dann schenktest du uns das Tränchen zum Abschied. Du nahmst es mit deinem Finger von der Wange und legtest es uns auf den Mund.

Du fingst auch wieder an zu malen. In dieser Zeit entstand das schöne Bild mit den pastellfarbenen Malven. Freunde hatten dir diese Blumen gebracht, und Vater konnte dich inspirieren. Frau Dr. P. hat übrigens eine wissenschaftliche Arbeit über die Aussagefähigkeit von Bildern tumorkranker Kinder geschrieben. Es wird dich sicherlich freuen, daß deine Bilder dabei sind. Die Collage, die du kurz vor Ausbruch deiner Krankheit angefertigt hattest, hielt Frau Dr. P. für ein Bild mit einer besonders intensiven Ausstrahlung und für ein starkes Signal. Es ist sogar ein Film im Fernsehen darüber gesendet worden. – Aber auch das wird dir nicht entgangen sein.

Nach dieser Therapie mußtest du sechzehn Tage in strenger Isolation im Krankenhaus bleiben. Dein Blutbild war katastrophal. Die Untersuchungen zeigten aber Erfolge. Wir atmeten auf und baten Professor Jäger um ein ausführliches Gespräch, damit er uns sagte, wie es wohl weitergeht. Du wußtest von diesem Gespräch und wolltest auch mitkommen, aber er bestellte uns allein in sein Arbeitszimmer. Er beglückwünschte uns zu den Therapieerfolgen und sagte, die Therapien seien die eine Hälfte des Erfolges, die andere unser Einsatz. Aber alles bisherige sei nur der Anfang. Wenn Isabell eine Chance haben sollte, gesund zu werden, dann müßten wir zwei bis drei Jahre durchhalten. Obwohl es an und für sich eine gute Nachricht war, glaubten wir, uns würde der Boden unter den Füßen weggerissen. Wie sollten wir die zwei bis drei Jahre noch durchstehen? Auf diese Nachricht waren wir in keiner Weise vorbereitet. Es traf uns das zweite Mal wie ein Schwerthieb!

Was sollten wir dir sagen? Vor einer Stunde noch

waren wir der Meinung, in einem halben Jahr sei alles überstanden! Wieder standen wir vor deiner Tür, weinten und wußten nicht weiter. Dieses Mal war kein Dr. Töbellius da, der uns half, mit dir zu sprechen. Wir versuchten, es dir schonend zu sagen. Die Vorstellung, noch zwei bis drei Jahre an dieses Krankenhausleben gefesselt zu sein, war für dich unerträglich. Auch spürten wir, daß wir eine so lange Zeitspanne mit unseren Kräften nicht durchhalten würden. Wenn man doch wenigstens in Bonn therapieren könnte. – Wir hatten schließlich auch noch andere Kinder, die uns brauchten. Unsere Urlaubstage schmolzen dahin, und dich während der Therapie allein in Köln zu lassen, war für uns undenkbar. Auch war dir der Kontakt zu deiner Schule, deiner Klasse und deinen Freunden sehr wichtig. – Und die Kölner Klinik war für Bonner Schüler eben doch sehr weit.

Du wolltest das alles Professor Jäger bei der nächsten Visite sagen. Er kam. Professor L., Vater und ich waren dabei. »Ich muß mit Ihnen sprechen. Haben Sie Zeit für mich?« Er setzte sich auf dein Bett. Es war das erste Mal überhaupt und ganz ungewöhnlich für den alten Herrn. Du saßest aufrecht im Bett. Ihr habt euch lange in die Augen gesehen, ohne ein Wort zu sprechen. Es entstand eine knisternde Spannung im Raum. Professor Jäger war ganz Ohr, und du konzentriertest dich auf die Wahl der Worte. »Warum kann ich die Therapie nicht im Bonner Krankenhaus machen?« – »Magst du mich nicht?« – »Doch sehr, wie meinen eigenen Großvater. Aber...!« Und du führtest all die Argumente an, die du dir sorgsam zurechtgelegt hattest. Er hörte sich alles geduldig an und guckte dir immer noch in die Augen. Als er nicht antwortete, tipptest du mit dem Zeigefinger keck auf seine Nasenspitze und sagtest: »Bitte!« Er willigte ein. »Die nächste Therapie mit dem HOK'schen Schema also in Bonn, aber danach bitte schön wieder nach Köln.« Wir waren froh, das war ein Lichtblick! Jetzt mußten nur noch die Leukos steigen. Wir wollten in den Osterferien doch für ein paar Tage in den Schwarzwald.

Die Leukos wollten aber nicht steigen. Der ins Auge gefaßte Entlassungstermin verschob sich von Tag zu Tag. Gründonnerstag war es endlich soweit. Wir durften nach Hause. Dieses Mal war es schon ein halber Umzug: Malsachen, Bücher, Kassetten, Radio, Bilder und Fernseher. Wir hatten vier Wochen im Krankenhaus gelebt.

Kaum zu Hause angekommen, wolltest du so schnell wie möglich nach Altglashütten, denn die nächste Therapie im Bonner Krankenhaus sollte bereits in zehn Tagen beginnen. Vater und ich packten noch in der Nacht die Koffer. Am Abend brachten wir Christian weg. Er hatte sich schon vor längerer Zeit über seinen Chef zu einem Tauchlehrgang auf Korfu angemeldet. Jetzt wäre er viel lieber mit uns gekommen, aber das war nicht mehr zu ändern. Marie fuhr zu ihren Eltern nach Belgien, so daß für dich an Jugend nur Matthias dabei war. Wir baten Moltkes, ihre Kinder zu fragen, ob nicht einer mit uns kommen wollte. Daniel und Dorothea waren schon in den Ferien, aber Johannes wollte am Ostersonntag mit dem Zug nachkommen. Was waren das für unvergeßliche Tage!

Im Schwarzwald lag noch genug Schnee, um die Landschaft zu verzaubern. Gerda hatte uns unsere Dachgeschoßwohnung in der ausgebauten Scheune wieder liebevoll hergerichtet. Wir waren die einzigen Bewohner im Haus. Das Wetter war gut. Nur Vater hatte eine schmerzhafte Mittelohrvereiterung.

Du verspürtest große Sehnsucht nach frischer Luft und Natur. Ich versuchte, mit dir ein wenig spazierenzugehen. Wenn du rausgingst, setztest du Vaters Pelzmütze auf. Sie verdeckte dein ganzes Köpfchen. Nur von deinen Augen bis zum Kinn war etwas vom Gesicht zu sehen. Es sah so natürlich und gut aus, daß du überhaupt keine Perücke darunter trugst. In der Einsamkeit der Natur nahmst du sogar, wenn es dir zu warm wurde, für Minuten die Pelzmütze ab und kümmertest dich nicht um dein kahles Köpfchen. Wenn wir in unser Bauernstübchen zurückkamen, war es für dich ganz natürlich, ohne Perücke herumzulaufen. Was würdest du machen, wenn Johannes am Sonntag kommt? – Gar nichts, zunächst ein wenig verstohlen, aber dann, als Johannes sagte, er finde dich mit Glatze viel attraktiver als mit Perücke, war der Damm bezüglich der fehlenden Haare restlos gebrochen; jedenfalls, solange du in der Wohnung warst.

Am Abend spielten wir zu fünft Karten oder das Würfelspiel »Hau Ruck«. Ab und zu gelang es uns, wirklich normal, fröhlich und gelöst zu sein. Aber oft waren wir auch gereizt, unsere Seelen waren wund und die Nerven zum Zerreißen gespannt. Wir versuchten, das zu überspielen und uns zusammenzunehmen, aber es gelang nicht immer. Daß Johannes v. Moltke dabei war, war uns allen eine große Hilfe. Matthias war glücklich, daß er einen Freund dabei hatte, der genauso gesund und normal war wie er und nicht nur in Begriffen wie Tumor, Therapie und Angst denken konnte. Uns verhalf es zu mehr Disziplin und Kontrolle über unsere Worte und Gedanken – und für dich war es ein Segen! Die beiden Jungs gingen vollkommen natürlich, lustig und unkompliziert mit dir um. Sie lockten dich jeden Tag weiter, deine körperlichen Fähigkeiten zu erproben. Wenn du nicht mehr gehen wolltest, wurde eine Schneeballschlacht angezettelt, und wenn du nicht mehr gehen konntest, schleppten dich die beiden Jungs abwechselnd auf ihrem Rücken oder trugen dich auf ihren Händen. Ich träume heute noch davon, daß Vater mich auf Händen trägt, aber er hat es nur einmal vor fünfunddreißig Jahren getan!

Wir unternahmen auch eine Pferdeschlittenpartie. In Decken eingehüllt, aber ansonsten der Sonne und der frischen Schwarzwaldluft ausgesetzt, fühltest du dich rundum wohl. In der Mittagspause bautet ihr im Bach an der Raimartihütte einen kleinen Staudamm. Du bewegtest dich von Tag zu Tag selbstsicherer. Immer öfter nahmst du die Pelzkappe ab, aber fotografieren durften wir dich mit Glatzköpfchen noch nicht. Auf einem längeren Spaziergang hattest du die Pelzmütze wieder einmal abgenommen, und Vater versuchte, dich so auf einem Foto einzufangen. Aber du verstecktest dich hinter dem großen Johannes. Dieser erfaßte die Situation sofort und zwinkerte Vater zu. Nachdem du dich ein paar Sekunden hinter Johannes versteckt hattest, blinzelte er Vater zu und bewegte seinen Körper ein Stück zur Seite. In diesem Moment drückte Vater auf den Auslöser. Das war das erste Foto von dir mit kahlem Köpfchen. Wir mögen es ganz besonders. Von diesem Moment an hattest du keine Scheu mehr, dich der Kamera so zu stellen wie du warst.

Du wurdest immer kräftiger, und dein Selbstvertrauen in deinen Körper wuchs. Natürlich wuchs auch wieder dein Appetit. Tagsüber kehrten wir in allen schönen Hütten ein, die wir aus den letzten vierzehn Jahren kannten. Eine Wanderung um den Schluchsee ist mir besonders in Erinnerung geblieben. Es war ein sonniger, aber kalter Tag. Deine Kondition hatte sich so weit gebessert, daß wir uns bis zum alten Schwarzwald-Gasthaus »Unterkrummenhof« wagten, ein uns seit vielen Jahren vertrautes Ziel. Die Landschaft war mit dem letzten Schnee verzuckert und verzaubert. Aus lauter Lebensfreude wurdest du beinahe übermütig. Die Schneefelder reizten dich, du wolltest rodeln. Natürlich hatten wir keinen Schlitten dabei, aber eine Plastiktüte. Die mußte her, um eine lachende Rutschpartie über jeden noch mit Schnee bedeckten Abhang zu machen. Im »Unterkrummenhof« angekommen, habt ihr zuerst eure nassen Klamotten am alten Kachelofen aufgehängt und euch dann alle drei zum Aufwärmen und Trocknen auf die gemütliche Ofenbank gelegt. Auf einmal warst du so weit: Auch in der Hütte nahmst du dein Pelzmützchen ab und schertest dich nicht um das Gucken der Leute.

Natürlich wurde auch kräftig gespeist, und du wolltest den Jungs in nichts nachstehen. Wenn wir nicht zwischendurch zum Arzt gemußt hätten, um Leukos zu zählen, hätten wir den Tumor beinahe vergessen.

Am Sonntag fuhren wir zurück, denn am Montag mußten wir im Bonner Krankenhaus sein. Du kamst auf deine alte Station. »Burbi« war immer noch Stationsarzt. Die Schwestern begrüßten dich mit großer Freude. Noch am selben Tag legte dir Dr. Töbellius den Katheter. Du mußtest nicht mit dem Bus ins Bettenhaus zu einem dir unbekannten Arzt und wieder zu Fuß nach Hause; um wieviel leichter war es doch hier. Dr. Töbellius kam zu dir ins Zimmer, legte den Katheter, und da du ihm tief vertrautest, hattest du auch keine Angst.

Bis dahin war Dr. Töbellius für uns alle in unserer Vorstellung das Oberhaupt einer großen Familie. Selbstverständlich mußte er eine Frau haben und auch eine stattliche Anzahl von Kindern. Wie sollte er sich denn sonst so gut in uns einfühlen! Gefragt hatten wir ihn nie, aber jetzt hörten wir von einer etwas geschwätzigen Patientin auf dem Flur, daß er Junggeselle war. Bald war uns auch klar warum: Er war sozusagen mit seinem Krankenhaus, seinen Patienten verheiratet. Er war immer da und tat für seine Patienten alles. Auch du hast das von ihm vielfältig erfahren.

Wenn ich nur an dein »Warum-Bild« denke! – Du hattest im Bonner Krankenhaus angefangen, die Köpfe deiner Besucher zu porträtieren, und unter anderem auch, mittels eines Spiegels, dein eigenes Gesicht mit Bleistift gezeichnet. Es gelang dir in kürzester Zeit und war ein Wurf. Der Ausdruck von Furcht, die bohrende Frage »Warum?« lag in deinen großen Augen. Deine roten Lippen sprachen von erwachender Sehnsucht. Jeder Besucher wurde an seiner Reaktion auf das Bild gemessen. Jeder mußte hinschauen und wurde von dir genauestens befragt. Guckte er darüber hinweg und gab dir eine oberflächliche Antwort, war er für dich ein Hohlkopf. Spürte er aber den Aufschrei des Bildes und war auch bereit, sich mit dir über deine Ängste und Träume zu unterhalten, so hatte er vor dir bestanden. Ich wohnte an diesem Nachmittag ein paar »Prüfungen« bei, wurde selbst auf die Probe gestellt. Deine Frage nach dem »Warum?« konnte ich auch nicht beantworten, aber ich suchte gemeinsam mit dir nach einem Weg.

Am Nachmittag kam Dr. Töbellius zur Visite. Er fragte, wie es dir gehe. Du zeigtest ihm das Bild und fragtest, was er dazu sage. »Das sollst du sein? Hör mal, du bist viel hübscher, aber das ist ein ganz wichtiges Bild, darüber müssen wir uns in Ruhe unterhalten. Komm heute abend in mein Zimmer, ich sag' dir Bescheid.« Gegen achtzehn Uhr rief er dich runter und nahm sich eineinhalb Stunden für dich Zeit.

Du erzähltest mir hinterher, ihr hättet euch über Leben und Tod unterhalten und auch über ein ganz persönliches Problem. Tage später erzählte mir Dr. Töbellius, er könne sich an kein anderes Gespräch mit einer Patientin erinnern, das so intensiv gewesen sei wie das Gespräch mit dir. Du wolltest ihm am Abend einen Brief schreiben, um dich für das Gespräch zu bedanken. Du fragtest mich, ob man das tun könne. »Warum denn nicht?« Du zeigtest mir den Brief, und mir war der Inhalt des Gespräches in Teilen jetzt deutlich. Du hattest ihn offensichtlich um Rat gefragt, wie du dich Axel gegenüber verhalten sollst. Sollst du ihm schreiben, ihm deine Zuneigung bekennen? Oder scheust du vor der Gefahr zurück, daß diese nicht erwidert wird? Er machte dir deutlich, daß man das Leben nicht gewinnen kann, wenn man es nicht wagt! – Für diese Erkenntnis danktest du ihm. Ich weiß nicht, ob dieser Brief noch existiert, aber in meinem Herzen ist er noch so in Erinnerung. Du sagtest mir noch, wenn du einmal heiraten solltest, dann wünschst du dir, daß du mit deinem Mann so gute Gespräche führen kannst.

Am Sonntag war die Konfirmation deines Cousins Oliver. Ein großes Familienfest wurde bei meinem Bonner Bruder gefeiert. Da sie keine fünfhundert Meter vom Krankenhaus entfernt wohnten, war der Wunsch groß, auch hinzugehen. Die übrige Familie war bei bestem Wetter versammelt. Vater und ich waren bei dir im Krankenhaus. Du selbst warst noch in Therapie, dein Blutbild noch in Ordnung. Ich fragte Dr. Töbellius, ob irgend etwas möglich sei. Wir durften!

Also, was ziehst du an? Du hattest eine diebische Freude! Welchen Hut, welche Perücke, welche Brille, welchen Pullover, ein bißchen Make-up? Schließlich wolltest du ja alle erfreuen und wolltest ein bißchen auch deinen Auftritt – das ist ganz legitim. Welchen

Spaß hat es dir gemacht, dich im Schwesternzimmer zu verabschieden. »Die kränkste Patientin hat Ausgang!« Und so manch ein Patient, der das gesehen hat und nicht annähernd so krank war wie du, hat darüber nachgedacht. Es war eine schöne Konfirmation, und Oliver freute sich herzlich. Nach zwei Stunden gingen wir zurück, du wolltest dich ausruhen. Nachmittags konnten wir ja wiederkommen. Aber, wie es so in der Therapie war, du wurdest von Stimmungen geschüttelt. So keck und spritzig du am Vormittag die Gäste mit deiner Lebensfreude angesteckt hattest, so depressiv und verzweifelt warst du am Nachmittag. Es hat meiner gesamten Überredungskunst und Motivationskraft bedurft, um dich aus dem Bett und aus dem Tief herauszuholen. Als wir wieder da waren, warst du selig. Siegfried machte noch wunderschöne Fotos.

Oliver hattest du kein Geschenk mitgebracht, sondern einen sehr lieben Brief:

25.4.1982

Mein lieber Oliver!
Ich wünsche Dir zu Deiner Konfirmation die Erkenntnis des »Warums«. Vielen geht es in der großen Anzahl der Geschenke verloren.

Ich schenke Dir heute nichts, weil mir nichts Sinnvolles eingefallen ist, aber wenn ich Dir irgendwodrin einmal helfen darf, so tue ich es gern (so wie Du mir oft durch liebe Gesten geholfen hast).

Ich küsse Dich
Deine Isabell

Unter depressiven Stimmungen hast du von Therapie zu Therapie stärker gelitten. Während dieser Therapie schliefen wir nachts nicht bei dir, weil du es nicht wolltest. Du wolltest uns schonen, und wir waren dir dankbar dafür. Aber oft hatte ich ein banges Herz während der Nacht. Der Balkon war so hoch oben – und deine Stimmung oft so tief!

Zwei Tage nach dem Ende der Therapie durftest du schon nach Hause. Alle zwei Tage mußten wir zum Blutbild. Um wieviel schöner und abwechslungsreicher war diese ganze Therapie für dich als Patientin, weil du in deinem natürlichen Umfeld bleiben konntest, wo die gewachsenen Kontakte um die Ecke lagen, wo man die Leukopeniezeit zu Hause verbringen konnte. Der Weg zum Krankenhaus war, im Falle einer Gefahr, ja auch so viel näher. Zwischen unserer Wohnung und Köln brauchten wir in der Regel eine Stunde, zwischen unserer Wohnung und dem Bonner Krankenhaus nur zehn Minuten. Das Verhältnis zwischen den qualvollen Therapietagen und den lebenswerten Tagen besserte sich.

Sollte man in der Behandlung zumindest von tumorkranken Kindern nicht nach neuen Behandlungsformen suchen? Mehr Flexibilität, mehr Behandlungsmöglichkeiten zu Hause? Ich bin sicher, wenn mir jemand gezeigt hätte, wie man eine Infusionsflasche wechselt, ich hätte es auch begriffen. Können die Krankenhäuser nicht mit den Hausärzten, Patienten und Familien zusammenarbeiten? Gibt es keine Psychologen, die den Familien helfen durchzuhalten? Sicherlich hat man in den letzten Jahren in der

Tumorbekämpfung in medizinischer Hinsicht große Erfolge erzielt; aber man könnte die Erfolge wesentlich steigern, wenn man sich auf die seelische Situation der Kranken und ihrer Familien noch mehr einstellen könnte!

Es sollten jetzt neun Wochen Pause kommen. Sie waren wie ein Rausch – und wie soll ich diesen Rausch beschreiben? Oft hatte ich Angst, die Vielzahl der Erlebnisse sei zu viel für dich, aber du wolltest leben. Es wurde Sommer, und jeder wollte dir etwas Gutes tun. Als du noch nicht hinausdurftest, erheiterten wir dich zu Hause. Caroline kam für ein paar Tage aus Antwerpen. Ihr hattet viel Freude, da ihr schöne Musikkassetten mit deiner neuen Anlage aufnahmt. Auch konntet ihr über Axel sprechen, was dir sehr wichtig war.

Die Konfirmation von Matthias im Mai konntest du mitfeiern. In die Kirche durftest du zwar nicht, wegen der tiefen Leukos und der Ansteckungsgefahr, die in dieser Zeit besteht, aber bei der Familienfeier warst du dabei. Daß die Familie von Moltke geschlossen dabei war, freute dich sehr.

Die Abendmahlfeier war zehn Tage später. Da durftest du mitkommen. Du wolltest Matthias' Konfirmandenpfarrer kennenlernen. Es war eine große Gemeinde. Zum Abendmahl wurden die Familien in Gruppen nach vorne gebeten. Jedesmal eine Gemeinde von zirka vierzig Gläubigen. Der Kelch wurde vom Pfarrer von Mund zu Mund gereicht. Vater und ich wußten nicht, ob du zum Abendmahl auch nach vorne gehen wolltest. Wir sahen natürlich nur die Bazillen sämtlicher Gläubigen im Abendmahlskelch rumhopsen und hatten Angst, du könntest dich anstecken. Nun waren wir an der Reihe. Du standest in deinem weißen Kleid und mit einem weißen Hütchen im großen Halbkreis, umgeben von uns. Der Pfarrer nahm einen neuen, sauberen Kelch, füllte ihn mit Wein und reichte ihn dir zuerst. – Der liebe Gott war doch bei uns!

Aber es gab noch weitere Ablenkungen und freudvolle Ereignisse: Einmal brachte Marie aus Belgien zwei große Koffer mit, gefüllt mit Theaterkostümen. Was hattest du für einen Spaß! Innerhalb eines Nachmittags schlüpftest du in die verschiedensten Kostüme und Rollen. Für die musikalische Untermalung sorgten wir auch, und Marie machte Fotos. Du warst die temperamentvolle Spanierin, der verführerische Vamp, das Cowboygirl, das romantische Flower-Power-Mädchen, die Rocksängerin, die Motorradbraut und die ganz normale Belli – so wie sie jetzt war, mit Baskenmütze, Perücke und Tuch.

Marie und du, ihr hattet beide eine diebische Freude bei dem Blödsinn. Immerhin war Marie zwanzig und du warst sechzehn Jahre alt; ihr wart also nicht mehr in dem Alter, um mitten im Sommer »Verkleiden« zu spielen. Aber für dich waren dies mögliche oder auch unmögliche Rollen deines Lebens, die du im Zeitraffertempo durchlebtest.

Marie war wirklich ein Schatz. Ihr wurdet beide immer mehr wie Schwestern. Als sie das nächste Mal aus Belgien zurückkam, brachte sie dir ein kleines Album mit den entwickelten Bildern mit.

Als du Ende Mai wieder aus der Leukopenie heraus

warst und das Haus verlassen durftest, gingt ihr gemeinsam bummeln und einkaufen. Oft begleitete dich auch Dorothea v. Moltke. Ich war meistens als »Begleitschutz« in eurer Nähe; es hätte ja etwas passieren können.

Zwischendurch hattest du auch starke Schmerzen im Arm und mußtest für einen Tag nach Köln zu einem neuen CT und Knochenszintigramm; ab und zu mußtest du auch ambulant ins Bonner Krankenhaus. Solange man dir aber nicht sagte, daß du wieder in die Therapie mußtest, warst du zufrieden.

Du fuhrst auch zu Siegfried, Ulli und der kleinen Sascha. Sascha war für dich eine große Freude. Ulli und Siegfried hatten dir die Patenschaft für ihre Tochter angetragen. Das beglückte dich sehr. Zum einen vertraute man dir die Fürsorge für ein so kleines Geschöpf an. Zum anderen war es für dich auch ein Beweis, daß man an dein Weiterleben glaubte. Es waren für dich zauberhafte Tage. Ulli und Siegfried verwöhnten dich sehr.

Nach Belgien fuhren wir auch. Erst warst du zwei Tage bei Marie und ihren Eltern und dann bei Lou. Robert und Rosita – Maries Eltern –, die ehrwürdigen Großeltern, Anne – Maries Schwester –, selbst die Hausdame hatten dich alle in ihr Herz geschlossen. Rosita schickte dir beinahe wöchentlich die entzückendsten Karten mit ihrem charmant gebrochenen Deutsch, Karten mit Motiven zum Träumen – eine schöner als die andere. Die Tage bei Lou waren aufregend. Es war das Wochenende vor meinem Geburtstag, und Lou machte ein großes Fest. Siegfried und

Rolli – meine Brüder – waren mit ihren Familien eingeladen und außerdem viele Freunde, die wir ebenfalls kannten. Sie hatten in ihrem großen Garten ein Zelt aufgebaut. Wir tanzten und lachten, unterhielten uns auf französisch, englisch und deutsch, aßen und tranken bis tief in die Nacht. Zwischendurch suchte ich mit meinen Augen und meinem Herzen immer wieder nach dir. Du hieltest dich abseits. Die Kinder halfen alle beim Service, so recht mittun konntest du aber nicht. Du hofftest am Rande auf einen Blick oder vielleicht auch auf ein Gespräch mit Axel. Aber es wollte nicht so recht zustande kommen. Vielleicht hatte Axel dich schon zu lieb!

Als wir nach Hause fuhren, warst du etwas traurig. Der Abschied von Antwerpen fiel dir schwer. Dich tröstete die Aussicht, daß Lous Kinder uns besuchen wollten. Ein paar Tage später kamen Axel, Caroline und Kathy – die älteste Schwester. Sie brachten noch Friedemann – einen deutschen Freund von Axel – mit, den du auch schon kennengelernt hattest.

Axel und Friedemann wollten unser Feriengrundstück in Oberwinter in Ordnung bringen und übernachteten dort. Es war in den letzten Monaten ungenutzt geblieben. Die beiden Mädchen schliefen mit dir in deinem Zimmer. Du fandest das herrlich! Kathy hatte Liebeskummer, und Caroline war gerade frisch verliebt. Und du konntest deine »Erfahrungen« aus *Angélique* dazutun. Ihr beratschlagtet euch oft bis in die Nacht. Aber das Verhältnis mit Axel kam nicht voran. – Ich hätte gerne Mäuschen spielen mögen.

Du hattest auch wieder Kontakt mit deinen Tenniskameraden. Natürlich war an Tennisspielen nicht zu denken, aber über Pfingsten organisierte deine alte Mannschaft ein Jugendturnier, und Sibylle Pagenkopf, deine alte Tennistrainerin, bat dich, in der Turnierleitung zu helfen. Was war das für eine Freude, wieder dabeizusein, mit dazuzugehören. »Fräulein Zachert, wann kann ich spielen? ... Isabell, kann ich neue Bälle haben? ... Wie war das Ergebnis?« Du warst wieder gefragt und hattest etwas zu sagen. Ein paar Tage zuvor noch standen wir beide am Zaun eines anderen Tennisclubs und guckten zu. Du lutschtest dein Eis und hattest ein keckes Aussehen. Ein junger Mann stellte sich neben uns. Wir hatten ihn gar nicht bemerkt. Nach einer Weile sagte er: »Bist du nicht die Isabell Zachert? Die Leute sagen, du seist so krank? Du siehst gar nicht krank aus!« – »Die Krankheit, die ich habe, soll tödlich sein. Normalerweise stirbt man daran!« war deine Antwort. Gedacht hattest du sicher noch – »ich aber nicht!« Und nun warst du wieder mittendrin. Das Wetter spielte auch mit, das Turnier war gelungen. Am Abend sollte zum Abschluß im Clubhaus ein großes Fest mit Tanz sein. – Dein rechter Arm tat wieder weh. Zumindest mußten wir die Ärzte fragen. Wir trafen über Pfingsten die zweite Oberärztin im Bonner Krankenhaus. Sie mochte dich sehr, und ich sagte ihr meine Bedenken bezüglich des Tanzens. Sie sagte: »Erhöhen Sie die Schmerzmittel und lassen Sie sie gehen.« Der Star der Junioren eröffnete mit dir den Tanz. Du warst noch nicht in der Tanzstunde gewesen, aber das spielte keine Rolle, du warst musikalisch, und bewegen konntest du dich auch. Als ich dich, wie verabredet, gegen dreiundzwanzig Uhr abholte, warst du glücklich. Du hattest die Ballnacht deines Lebens durchtanzt! Thomas Graner kümmerte sich auch später noch sehr liebevoll und kameradschaftlich um dich.

3.6.1982

Meine liebe Maren!
Dieser Brief wird wieder etwas mühsam, weil mir, ich könnte mich schwarz ärgern, mein Arm wieder weh tut. Ich habe vorhin eine falsche Bewegung gemacht, und jetzt kann ich nur doof schreiben.

Bitte verzeihe mir, wenn ich mich die letzten Tage nicht gemeldet habe, aber da konnte ich erst recht nicht schreiben, und am Wochenende war so viel los, daß ich keine Zeit hatte. Ab Samstag fand im BTHV ein Jugendturnier statt, und das war wirklich super. Es waren alle (viele) Vereine aus Bonn eingeladen und zwar immer das erste Mädchen und die ersten beiden Jungen. Es war sehr viel los und ich habe in der Turnierleitung mitgeholfen. Ich saß dann in einem Büro hinter der Theke. Es ist wirklich komisch, aber aufgrund dieser Tatsache sind dann manche Leute ganz höflich zu Dir, was sie sonst nicht wären, wenn du ihnen so begegnen würdest. Es war herrlich, wieder unter Jugendlichen zu sein, die sich unbefangen benommen haben, weil sie von nichts (in bezug auf mich) wußten. Abends war dann eine Fete, die erst ganz schön drohte ins Wasser zu fallen. Sie fing um halb acht an, aber nichts passierte. Viele Leute waren sowieso noch nicht da, und viele Neugierige von außerhalb gingen wieder, was auch ganz gut so war. Es war ja immerhin meine erste Fete seit einem Jahr. Ab halb zehn fing es dann endlich an und stell Dir vor, ich habe mit Thomas Graner den Eröffnungstanz getanzt. Wir haben angefangen zu tanzen, und prompt war die Tanzfläche voll. Es hatte nämlich allen in den Fingern gejuckt, aber sie waren zu feige anzufangen. Am Vorabend war ich ganz traurig, weil ich schon alle Hoffnungen aufgegeben hatte, hingehen zu können. Aber wir haben noch stärkere Tabletten bekommen, und damit ging es.

Sonntags waren wir dann mit Moltkes den ganzen Tag in Oberwinter. Das war auch sehr schön, und ich habe bombig Farbe bekommen. Einmal war etwas doofe Stimmung, weil Matthias sich so ziemlich mit allen in der Wolle hatte und er dann natürlich auch von allen einen Anschiß bekam, aber das ging vorbei.

Ich kann wirklich nur sagen, das Wochenende war sehr schön.

Ich hoffe, für Dich auch. – Ich mache eine Pause!

Weißt Du eigentlich, daß die Nägel aus meinem operierten Knöchel draußen sind? Es war nicht gerade das schönste Erlebnis in meinem Leben, aber ich hatte es mir doch irgendwie anders vorgestellt. Ich hatte auch eine wahnsinnige Angst davor, weil ich halt nicht wußte, was auf mich zukommt. In der Pause zwischen der Spritze und dem »Nägelziehen« haben die mich zwanzig Minuten total alleine gelassen. Das fand ich nicht sehr nett, denn ich habe mir lauter dumme Gedanken gemacht.

Meine liebe Maren, es kann sein, daß ich heute abend anrufe.

Ich denke viel an Dich
Deine Belli
Viele Grüße von allen.

Ende Mai lernten Vater und ich ein kanadisches Ehepaar, Hatty und Paul Martin, kennen. Binnen kurzer Zeit wurden sie unsere guten Freunde. Sie hatten zwei Kinder – Theresa und Jan. Diese Familie kennengelernt zu haben, war für uns alle ein Geschenk. Sie bemühten sich alle, Freude und Hoffnung in unser Leben zu bringen. Sie waren von einem tiefen Glauben geprägt und von einer natürlichen Freude am Leben. Das erste, was wir kennenlernen mußten, war das Bingospielen im Club. Wir machten uns schön und bestellten einen Tisch, an dem es nicht zog und nach Möglichkeit niemand in der Umgebung rauchte. Erst wurde gegessen und dann gespielt. Die Konversation lief auf englisch. Die Jugend saß an einem Ende des Tisches, wir Alten am anderen. Jan saß dir gegenüber. Er hatte dir viel und Interessantes zu erzählen. Er war drei Jahre älter als du, sehr selbstbewußt und bestimmt. Jedenfalls war er in seinem Auftreten nicht schüchtern. Das war für dich eine neue Erfahrung.

Das Schicksal wollte es so, daß du den Jackpot gewannst. Du mußtest nach vorne auf die Bühne und die, die um dich wußten, freuten sich sehr. Nach dem Spiel mußtest du aufs »Klöchen«, das war auch nicht schlimm, bloß kamst du nicht wieder. Jan war auch weg. Vater wurde unruhig, aber Hatty hatte ihn voll im Griff: »Die kommen schon wieder!« Nach einer Weile ging Christian auf Suche nach seiner Schwester und kam ganz aufgeregt wieder. »Die gehen draußen im Park spazieren!« Für dich brach eine wunderschöne Zeit an. Ihr hattet euch ineinander verliebt. Jan kam dich fast täglich zu Hause besuchen. Zuerst unterhielten wir uns alle zusammen; dann zog Jan mit der gesamten Jugend in Christians oder Matthias' Zimmer. Es wurde über Fußball oder Rap-Musik gefachsimpelt. Dann ging Jan mit dir in dein Zimmer. Diese Stunden waren für dich damals die schönsten. Christian konnte die geschlossene Tür nicht ertragen. Er fand immer einen Grund reinzugehen. Einmal kam er ganz bestürzt raus: »Der küßt sie!« – Was war ich froh!

Du hattest schon lange deine Perücke abgelegt, wenn Jan da war. Er sagte dir, er sähe eh nur deine schönen Augen.

Wenn Christian zu neugierig war und eifersüchtig wurde, nahm ich mir einen Stuhl und setzte mich wie ein Zerberus vor deine Tür. Für dich waren diese Besuche die schönsten Stunden des Tages.

My Dear Jan!
The evening yesterday was lovely. It gave me very much power.

I'm very excited if you kiss me. It is such a nice feeling. You can't imagine, what a great feeling it is, if I know that you will like me the way I am. You know I am ill, but just for some time. When I have to stay in bed, I need nice things to think of.

I kiss you so sweet and soft
your Isabell

Aber für dich gab es auch noch andere Dinge, die dich beschäftigten. Marens Zustand hatte sich verschlimmert, sie mußte nach Münster in die Orthopädie, um ein Korsett angepaßt zu bekommen. Du warst sehr um sie besorgt.

Stundenweise gingst du auch wieder zur Schule, aber das Richtige war es nicht. Überlegungen kamen auf, die Klasse nach den Sommerferien zu wiederholen, und du suchtest dir – orientiert an den Lehrern und Schülern eine Jahrgangsstufe tiefer – eine neue Klasse im Amos-Comenius-Gymnasium aus.

24. 5. 1982

Meine liebe Maren!
Ich muß leider mit dem linken Arm schreiben, weil mir mein rechter Arm weh tut (zu mühsam).

Jetzt bist Du schon viele Stunden in Münster. Ich hoffe, diese Umstellung ist Dir nicht zu schwergefallen. Ich verspreche Dir auch, Dich so sehr zu unterstützen und zu helfen, wie ich es nur irgend kann.

Ich finde meine Klasse, mit wenigen Ausnahmen, sehr doof. Ich habe auch schon den ziemlich sicheren Entschluß gefaßt, dieses Schuljahr zu wiederholen in der 9a. Ich fühle mich der Klasse gar nicht mehr verbunden, richtig wie ein Außenseiter. Ein bißchen habe ich auch das Gefühl, am falschen Platz zu sein, als ob es den anderen peinlich wäre, daß ich wieder da bin, als ob sie mich ignorieren. Bilde ich es mir nur ein, oder stimmt es? Mir kann es ja eigentlich egal sein, weil ich ja wiederhole. Noch ein Grund ist für mich zu wiederholen, die wissen ja nicht, was ich hatte, und sind dann natürlicher.

Was mich in letzter Zeit auch sehr gefreut hat, ist, daß ich jetzt sehr viel Kontakt zu Moltkes habe. Ich verstehe mich mit Dorothea sehr gut, und mittlerweile sind auch unsere Eltern per »Du«.

Meine liebe, tapfere Maren, ich bete für Dich, daß diese Zeit nicht zu schwer für Dich wird. Hab viel Kraft und denk an das Gedicht »Fußspuren im Sand«, das Du mir einmal geschenkt hast. Mir hat es geholfen.

Bis zum nächsten Brief. Ich umarme Dich!

Deine Belli

PS. Alle lassen Dich ganz doll grüßen!

25.5.1982

Hallo, mein Liebling Maren!
Gerade vor einer Minute habe ich eine freudige Entdeckung gemacht; ich habe ein Band wiedergefunden, das wir schon seit Jahren verloren glaubten. – An meiner Schrift kannst Du sehen, daß es meinem rechten Arm schon viel besser geht. Gestern der Brief war vielleicht mühsam.

Es ist jetzt elf Uhr am Vormittag, und ich bin nicht in der Schule (wegen meinem Arm). Ich hätte vielleicht gehen können, wenn ich ganz doll gewollt hätte, aber ich wollte nicht. – Noch vor knapp einem Monat hätte ich mir das nicht träumen lassen.

Heute nachmittag werde ich mit Dorothea von Moltke in die Stadt bummeln gehen. Darauf freu' ich mich schon sehr, nämlich, wenn man zu sehr zu Hause sitzt, dann grübel' ich zu viel. Gestern abend mußte ich dauernd an die vierte Therapie denken und hab' natürlich geweint. Ich will das aber doch gar nicht, aber gegen Angst kann man nur so wenig machen. Leider bekommen dann aber immer die Eltern so viel ab. Dann versuche ich immer ganz schnell, wieder fröhlicher zu werden, weil Mutti sonst immer so traurig wird.

Ich habe es mir in meinem Zimmer unheimlich gemütlich gemacht: Ich sitze auf der Couch, vor mir mein kleines neues Tischchen, darauf eine Kerze, eine Teetasse mit Zubehör, After Eight und eine Stulle und schreibe einen Brief an Dich!

Wenn Du mal Zeit hast, mußt Du mich unbedingt besuchen. Ich würde mich sehr freuen.

In der letzten Zeit habe ich richtig das Briefeschreiben entdeckt. Die Pflichtbriefe machen mir zwar noch immer keinen Spaß, aber Briefe, in denen ich dem »Bekommer« etwas sagen kann, machen mir sehr viel Spaß.

Hast Du Dir eigentlich auch so richtig tolle Bücher mitgenommen? Du weißt ja, ein Wort genügt, und ich besorge Dir welche. Weißt Du eigentlich, was für ein Buch ich gerade lese? *Kalifornische Sinfonie* von Gwen Bristow. Du hast es doch mit Isi zusammen gelesen? Es soll so ähnlich wie *Vom Winde verweht* sein. Wenn ja, dann werde ich es bestimmt verschlingen.

Meine liebe Maren! Ich werde mich bald wieder melden. Kopf hoch!!! – Wir denken alle an Dich. Ich umarme Dich

Deine Belli

Die Schmerzen im Arm wurden schlimmer. Einmal waren sie so schlimm, daß die Ärzte einen Spontanbruch vermuteten. Die Geschwulst am Rücken hatte sich zu einem taubeneigroßen Knoten verfestigt. Das drückte natürlich auf irgendwelche Nerven. Die Ärzte im Bonner Krankenhaus untersuchten dich und besprachen sich mit den Kölner Kollegen. Man überlegte, die nächste Therapie vorzuziehen.

Der 28. Juni 1982 war im Gespräch, aber so lange ging es nicht gut; am 14. Juni schon mußten wir wieder nach Köln zurück.

Am Tag zuvor war noch die Taufe von Sascha. Der Termin war seit langem auf dich abgestimmt. Du solltest ja unbedingt dabeisein. Und jetzt konntest du nur unter größten Schmerzen teilnehmen. Trotzdem gelang es dir aber, dich an deinem Patenkind zu erfreuen. – Für uns war es ein beklemmendes Erlebnis. Wir sahen, daß du sehr große Schmerzen hattest, aber tapfer die Zähne zusammenbißt, um die Stimmung dieses so schönen und liebevollen Festes nicht zu trüben.

Köln, 23.6.1982

Meine liebe Ines!
Es sieht zwar so aus, als ob Mama Dir den Brief schreibt, aber ich diktiere ihn ihr. Ich habe leider einen Rückschlag bekommen, der wahnsinnig schmerzhaft ist, weil er auf Nerven drückt. Zum Glück werde ich seit drei Tagen therapiert, was die Schmerzen lindert, mich aber in sehr unangenehme Gefühlswelten stürzt. Was mir sehr hilft, ist der Beistand meiner Eltern und eines kanadischen Jungen, den ich erst seit kurzem kenne. Er ist aber so rücksichtsvoll und einfühlend, wie es nach einer Woche Kennenlernens kaum vorstellbar ist.

Als ich ins Krankenhaus (14.6.) nach Köln zurückkam, wurde in Erwägung gezogen, mich zu bestrahlen.

Aber da mir so schnell als möglich geholfen werden mußte, weil ich meine Schmerzen nicht mehr ertragen konnte, griff man doch auf das alte Schema zurück. Heute bei der Visite hat mir Professor Jäger wieder sehr viel Mut gemacht. Ich kann mir im Moment den Zustand ohne Schmerzen und des Sich-Wohlfühlens gar nicht mehr vorstellen. Aber zum Glück wird mir ja schon geholfen. Heute nacht habe ich das erste Mal seit sieben Nächten wieder fünf Stunden hintereinander schlafen können. Vorher hatte ich solche Schmerzen, daß ich nachts trotz vier Fortral nicht liegen oder sitzen konnte.

Am 13.6. sind wir noch nach Mannheim gefahren zum Siegfried zur Taufe seiner jüngsten Tochter, deren Patentante ich geworden bin. Meine Nägel aus dem operierten Sprunggelenk sind auch entfernt. – Du siehst, die letzte Therapiepause haben wir voll genutzt.

Meine liebe Ines, ich umarme Dich ganz herzlich und wünsche Dir alles Gute. Grüße alle Deine Lieben

Deine Isabell

Als wir dieses Mal nach Köln kamen, mußten erst etliche Untersuchungen gemacht werden. Selbst die Ärzte und Schwestern im Haupthaus, besonders die in der Röntgenabteilung, kannten dich schon persönlich und nahmen Anteil. Man entnahm in diesen Tagen nochmals Gewebe aus der Geschwulst.

Die Nächte waren am schlimmsten. Du konntest trotz stärkster Medikamente vor Schmerzen nicht schlafen. Es war dein erster Rückschlag. Bisher hatten wir immer gedacht, Rückschläge haben nur die anderen. Wir glaubten ja an ein Wunder!

Was auch dieses Mal deinen Kampfgeist am meisten mobilisierte, waren die menschlichen Kontakte. Jan besuchte dich in Köln oder telefonierte mit dir. Der Gedanke an ihn setzte ungeheure Widerstandskräfte in dir frei. Er gab dir die Idee, man könne seine Schmerzen »in den Schrank hängen«, sozusagen vom Körper lösen, wenn man an etwas anderes denkt. Dann würde man die Schmerzen nicht spüren. Er hatte recht: Wenn du an ihn dachtest, dachtest du nicht an deine Schmerzen...

Es waren dieses Mal viele junge Patienten auf der Station. Am vertrautesten war uns Claudia, die junge Frau mit den so hübsch gebundenen Tüchern. Sie hatte schon mehrere Rückschläge überstanden und machte dir Mut. Sie war selbst eine tapfere, fünfundzwanzigjährige Frau. Michael, ein junger Student, war ein neuer Patient. Er hatte wohl Glück. Bei ihm hatte man den Primärtumor im Anfangsstadium durch Zufall entdeckt. Er hatte gute Chancen, im nächsten Semester wieder studieren zu können. Er war dir auch eine große Stütze. Er spielte mit dir Stratego, und ihr hörtet zusammen Musik.

Dadurch, daß diese Privatstation von Professor Jäger in einem ganz alten Gebäude untergebracht war, gab es für euch alle nur eine Patiententoilette und Dusche; ihr mußtet alle über den Flur, auch während der Therapie, sogar mit dem Infusionshalter. Das war mühsam, aber es förderte auch die Kontakte untereinander. Wenn es einem besserging, setzte man sich auf einen der Stühle, die im Flur standen. Das war sozusagen euer Kommunikationsraum. Man erfuhr so ziemlich alles, was auf der Station passierte.

Am 20. Juni fing man wieder an, dich zu therapieren. Das HOK'sche Schema. Zum Glück! Die Schmerzen ließen von Tag zu Tag nach. Zu Professor L. sagtest du einmal in diesen Tagen, wie dankbar du seist, daß der liebe Gott deinen Körper mit Schmerzen reagieren lasse, dann wüßtest du immer, wann der Tumor wieder wächst! Vom positiven Denken hattest du nichts gehört oder gelesen, aber was warst du doch für ein positiver Mensch! Am 27. Juni war die Therapie zu Ende, und drei Tage danach durftest du schon nach Hause. Nur in strenge Isolation, denn deine Leukos waren sehr tief. Du hattest ein großes Problem: Durftest du Jan küssen, wenn er dich besuchen kommt? Ich wußte es nicht und schlug vor, Professor L. zu fragen. Er meinte, mit Mundschutz könne man schlecht küssen. Dein Freund solle lieber etwas aufpassen, daß er sich nicht erkältete.

Am 3. Juli hatten wir die ganze Familie Martin zu uns nach Hause eingeladen. Wir aßen alle zusammen, dann seid ihr Jugendlichen zusammen in eines eurer Zimmer gegangen, und wir unterhielten uns mit Hatty und Paul. Wir hatten einen Plan: Im August durften wir, nach der Planung von Professor Jäger, Ferien machen. Wir wollten Jan in ein kleines Ferienhaus in der Eifel mitnehmen. Bevor wir es dir sagten, mußten wir es aber erst mit Hatty und Paul und auch mit Jan besprechen. Am Sonntag fragten wir Hatty und Paul. Sie standen dem Plan sehr positiv gegenüber. Am Montag abend kam Jan dich wieder besuchen. Wir baten ihn gleich zu uns ins Zimmer. Du warst enttäuscht, daß er nicht sofort zu dir kam. Wir sprachen mit ihm über unseren Plan, ließen ihm aber jede Möglichkeit des Rückzugs offen. Er freute sich sehr und ging zu dir, um dir zu erzählen, daß er mit uns kommen will. – Es waren keine zwanzig Minuten vergangen, aber deine Enttäuschung, daß Jan nicht gleich zu dir gekommen ist, war zu groß. Du warst stimmungsmäßig abgestürzt und konntest dich nicht wieder fangen. Ein launisches Mädchen warst du ansonsten wahrhaftig nicht. Das waren eben die gefürchteten Stimmungsschwankungen während der Therapie. Jan stand hilflos vor dir und konnte dich nicht wieder umstimmen. Ich glaube, an dem Abend hat er erst begriffen, wie krank du bist, und war zutiefst verschreckt.

4.7.1982

My dear Jan,
now you are gone since half an hour and I would like to thank you because you tried to help me so nice. You were a great help for me and I promise you to try never to be like that again. I'll leave my illness in a bottle in the cupboard.

I must have been very strange because my whole family asked me what had happened.

You are a very close friend of mine because there are not many people besides my family I can speak so sincere with. Sometimes I wonder why you like me. I have so many problems I have to live with, you can't do anything with me ...

I have a very high opinion of your evening meetings with me because during that time there is always football and I believe you'd love to watch football.

It's nice to spend time with you. I was so sorry that you just had the two hours, I felt bad. Now, I feel much better again for the most part you were so kind to me.

I believe your whole family and you are very super people. We just know each other since two weeks and you already gave me so much power. It's nice to know such powerful people.

But I hope I won't only *take*. I will *give* you my help as soon as I can and you'd like to take it. I hope Tuesday is coming soon. I kiss you very soft and warm, enjoy that kiss!

Your Isabell

Von nun an waren seine Besuche seltener, die Gespräche nicht mehr so intensiv. Wenn du ihn beim Abschied fragtest, wann er wohl wieder käme, fingen seine Antworten immer vager und unverbindlicher mit »probably« oder »perhaps« an. Jans »Rückzug« begann. Es war für dich schmerzhaft, dies zu akzeptieren. Einmal sagtest du zu mir: »Mama, es ist schade, daß Jan nicht mehr kommt, aber nur für ein schönes Gefühl gebe ich mich keinen falschen Illusionen hin.«

In diese Therapiepause fiel noch ein sehr schöner Abend mit Herrn Professor und Frau Dr. L. und Dr. Töbellius. Wir hatten sie zum japanischen Sukiyaki-Essen eingeladen. Töbi kam etwas früher, um noch mit dir zu sprechen. An dem Abend war aber schon

Jan da. Der junge Mann wurde scharf unter die Lupe genommen. Man sprach über Sport allgemein, Fußball im besonderen (Jan war beinahe Profi) und über die amerikanischen Universitäten. Dr. Töbellius (zu der Zeit nannten wir ihn in der Familie nur noch Töbi) kam anschließend etwas irritiert zu uns und fragte: »Wer ist denn dieser selbstbewußte, forsche junge Mann?« Er war offensichtlich besorgt, dieser forsche junge Mann könnte dir Kummer zufügen. Der Abend war interessant und gelöst, das Essen gut, das Interesse an Japan echt. Töbi und Professor L. kannten Japan schon. Die Gespräche waren sehr offen und intensiv.

Nachdem Jan gegangen war, kamst du zu uns. Töbi hatte vorher schon gefragt, warum du nicht mit am Tisch sitzt. Du kamst so, wie du warst: in Pampuschen, Schlabberhos' und Glatzköpfchen. Als Professor L. und Frau gegangen waren, ließen wir den Abend mit Töbi und dir noch harmonisch ausklingen.

Am 19. Juli mußtest du wieder nach Köln.

21. 7. 1982

Meine liebe Doris!
Ich habe Deinen außerordentlich langen Brief empfangen und ihn mit Begeisterung gelesen.

Deine Reise muß ja toll gewesen sein. Zu so etwas hätte ich auch nicht wenig Lust. Du hast mir so richtig Lust gemacht. Ich bedanke mich sehr für die vielen Briefe aus Amerika. Das war sehr lieb.

In meinen zwei Wochen Pause habe ich eine ganze Reihe erlebt. Ich habe mit den zwei Lehrerinnen, Frau

Niefindt und Frau Bell, Kontakt aufgenommen. Frau Bell hat mich einmal besucht. Es ist wirklich unheimlich interessant, wenn man die Möglichkeit hat, so hinter die Kulissen zu schauen. Frau Niefindt ist insofern auch ein wahnsinnig interessanter Gesprächspartner für mich, weil sie ähnliches durchgestanden hat und noch durchstehen muß.

Die letzten Tage zu Hause waren nicht ganz einfach für mich. Ich hatte ein richtiges Trauma von der letzten Therapie behalten und mußte das erst in vielen Gesprächen abbauen. Zum Glück haben mir dabei so viele geholfen. Ich habe es schon zu einer ziemlich guten Einstellung gebracht, aber manchmal werde ich trotzdem noch zaghaft.

Mrs. Martin, die Mutter von Jan, hat mir ihre Flasche mit dem Wasser aus Lourdes geschenkt. Sie sind alle strenggläubig, und sie glauben sehr an dieses Wasser, weil es für die Katholiken heilig ist. Mrs. Martin war selber mal schwer krank und ist der Überzeugung, daß dieses Wasser sie geheilt hat. Dieses Geschenk bedeutet mir viel, weil ich weiß, wie viel es Mrs. Martin bedeutet. – Ich bekreuzige mich mit dem Wasser zweimal am Tag, und irgendwie hilft es einem, sich wieder aufzubauen.

Was mich manchmal sehr freut, ist, wie sehr ich mich über Kleinigkeiten freuen kann. Heute saß ich auch viel im Bett und habe so gedöst. Ich glaube, ein ähnlich rauschiges Gefühl haben Leute, die Drogen nehmen.

Ich muß Dir noch erzählen, was die Untersuchungen gebracht haben. Die Doktoren können noch keine offizielle Aussage machen, aber der Tumor ist weiter zurückgegangen, oder wieder, weil er ja das letzte Mal gewachsen ist. Außerdem hat Prof. Jäger gesagt, daß er bei mir die totale Gesundung anstrebt. Ich hatte daran nie gezweifelt, oder nie gewußt, daß es auch anders ausgehen könnte. Zumindest ist das sehr gut.

Meine liebe Doris, habe noch eine schöne Ferienzeit, ich bin wahrscheinlich den ganzen Monat zu Hause.

Die Therapie hat gut angefangen und läuft besser als das letzte Mal.

Grüße alle
Deine Belli

Im Juli mußtest du zur siebten Therapie. Wir bekamen das kleinste und dunkelste Zimmer der Station und konnten kein zweites Bett aufstellen. Es war aber wenigstens ein Ohrensessel im Zimmer. Als Inge das hörte, organisierte sie ein Klappbett von zu Hause, und Assi, ein Kollege von Vater, brachte es noch am Abend nach Köln. Es störte uns nicht, daß ich jeden Tag »Betten baute«, aber die ganze Atmosphäre war so beengt, düster und bedrückend. Auch war die Stimmung auf der Station sehr deprimierend.

Eine junge Griechin, vielleicht zwanzig Jahre alt, war in nicht mehr gehfähigem Zustand neu aufgenommen worden. Wir hatten also keinen Kontakt mit ihr. Ihre einzige Bezugsperson war eine junge griechische Studentin, die deutsch sprach und sie täglich besuchte. Wir versuchten, dir davon möglichst wenig zu erzählen. Aber es ließ sich nicht verhindern, daß du spürtest, daß ihr Zustand sich verschlimmerte. Ein Sauerstoffgerät wurde auf die Station gebracht, auch ein weiterer fahrbarer Kasten, dessen Funktion wir noch nicht kannten. Zwei Nächte später hörte man die griechische Studentin laut klagen und weinen. Das Mädchen war – fern ihrer Heimat und Eltern – von ihren Schmerzen erlöst worden.

Die nächsten Tage waren beklemmend auf der Station. Die Türe wurde von außen luftdicht abgeklebt. Jeder wußte, daß der Raum desinfiziert wurde. Deine Gedanken beschäftigten sich mit düsteren Fragen. Du wolltest wissen, ob ein Leichnam noch einmal gewaschen wird?... Und von wem?... Wann er in den Sarg gelegt wird?... Ob auf der Station oder im Leichenschauhaus?... Wir brauchten unsere gesamte Kraft, und trotzdem konnten wir nicht verhindern, daß du in eine tiefe Depression fielst. – Du wolltest nicht mehr leben.

Töbi telefonierte mit uns und bekam die Entwicklung mit. Am Abend kam er selbst in Köln vorbei und übernahm sofort die Initiative. Er schickte uns Eltern raus. – Auf gut deutsch hieß das natürlich, er bat uns, allein mit dir sprechen zu können. Was er mit dir besprach, davon wußten wir nichts. Als er uns aber nach eineinhalb Stunden holte, wolltest du weiter therapiert werden. Was waren wir ihm dankbar! Es ging wieder bergauf! Die Schmerzen ließen nach, die Therapie wirkte. Es war übrigens wieder das HOK'sche Schema. Um dich etwas abzulenken, erbat ich die Erlaubnis, mit dir am Abend mit dem Auto in einen nahe gelegenen Park fahren zu dürfen, um etwas anderes zu sehen. Es war Sommer, aber trotzdem nahmen wir eine Wolldecke und ein Kissen mit, es könnte ja Wind aufkommen. Vorher fuhren wir beim Italiener vorbei und holten zwei Eis – dann ging es ab in den Kölner Grüngürtel.

Ich joggte fast täglich und kannte deshalb die schönsten Stellen. Und eine Bank gab es, am See war sie gelegen, und der Weg vom Parkplatz zur Bank war nicht weit. Die Bank lag in der Abendsonne. Das war *unsere* Bank! Wir beobachteten die Schwäne und Enten, ab und zu kam auch ein Eichhörnchen vorbei, und wir träumten und warteten, bis die Abendsonne unterging. Auf dem Rückweg fuhren wir noch einmal beim Italiener vorbei und holten für jeden »eßfähigen« Patienten und die Nachtschwester ein Eis. Oft rückten wir noch die Stühle auf dem Flur zusammen und hielten einen Plausch. – Wir brachten nicht nur erfrischendes Eis mit, sondern meistens auch ein getröstetes Herz. Instinktiv war es dir ein Bedürfnis, das weiterzugeben. Manchmal gabst du ein Rätsel auf oder erzähltest einen Schwank. Auch konntest du gut trockene Kommentare abgeben. Wir alle leckten unser Eis und waren dankbar für diese natürliche Heiterkeit!

Am nächsten Tag konnte die Stimmung aber genauso wieder bergab gehen. An einem solchen Tag, ich werde ihn nie vergessen – es war ein hochsommerlicher, schwüler und heißer Tag –, gelang es mir, dich aus einem solchen Stimmungstief herauszuholen. Ich überredete dich, mit mir einen Bummel zu machen. – Allmählich hatten wir uns einige Freiheiten in Köln erworben. – Wir hatten zwei Stunden Ausgang. Du warst eigentlich sehr unlustig, als wir gingen. Deine Mitpatienten, die gehfähig waren, sahen das fast alle, denn sie saßen an jenem Sommertag auf der Bank im Schatten des Hauses. Wir fuhren mit dem Auto nur drei Straßen weiter, da gab es einige nette Boutiquen. In eine gingen wir hinein. Wir hatten Glück. Die Verkäuferin war freundlich und das Geschäft leer. Du stöbertest und entdecktest ein entzückendes Kleid, das du auch gleich anprobiertest. Die Verkäuferin wollte dir helfen. Dabei entdeckte sie deine abgeklebten Schläuche vom Katheter, die aus deinem Schlüsselbein herausguckten. Auch verrutschte das Baumwolltuch auf deinem Köpfchen. Sie bekam einen fürchterlichen Schreck, aber du meistertest die Situation: »Sie müssen sich nicht aufregen, ich werde nur therapiert!« – Die Verkäuferin faßte sich bewundernswert schnell.

Du hattest Spaß an dem Kleid und bestandest darauf, daß ich mir auch etwas kaufte. Ich tat es, weiß aber heute nicht mehr, was es war. Aber es machte dir Freude. Deine Lebensgeister erwachten. »Mama, was meinst du, wenn ich jetzt mit dem neuen Kleid auf die Station zurückkomme, ob die mich wohl wiedererkennen? Die sitzen doch alle noch auf der Bank!« – Und deine Augen blitzten. Die alten Klamotten in die Tüte, die neuen an, das Tuch noch einmal schick gebunden, die Sonnenbrille lag im Auto, Lippenstift hatte ich in der Handtasche. Mit Freude ging es zurück! Dieser kecke Blick in den Augen, dieser Stolz in deinem Herzen, die miese Stimmung überwunden zu haben, der Jubel auf deinen Lippen: »Froh zu sein bedarf es wenig, und wer froh ist, ist ein König.« Alle, alle sahen es und freuten sich mit dir! Dieses Kleid inspirierte dich zu vielen schönen Gedanken. Bei welchen Gelegenheiten wolltest du es demnächst anziehen? Wem wolltest du dieses Kleid zeigen? Es gelang dir, deine Schmerzen stundenweise zu vergessen, oder, wie Jan gesagt hätte, in den Schrank zu hängen.

28. 7. 1982

Meine liebe Doris!
Seit gestern ist die Therapie beendet, und gerade bekomme ich eine Bluttransfusion, weil meine Blutwerte so schlecht sind. Insgesamt sind aber alle Nachrichten wahnsinnig gut:

1. Alle Untersuchungen sind, wie Du ja schon weißt, sehr gut.
2. Es wird, sobald es mein Blut erlaubt, eine neue Therapie gestartet, vielleicht schon diesen Freitag, die man auf lange Sicht betreibt. Das würde heißen, daß ich nur einmal in der Woche eine Spritze bekomme, und zwar in den Muskel im Po. Das Ganze könnte über ein Vierteljahr gehen, wenn ich darauf anspreche. Ungefähr September wird eine Zwischenuntersuchung gemacht, bei der dann entschieden wird, wie es weitergeht. Zumindest ist es im ganzen eine wesentlich schonendere Therapie, die mir wahrscheinlich auch wieder ein ziemlich normales Leben erlauben wird.
3. So dürfte ich auch wieder an einen geregelten Schulbesuch denken. Ich freue mich sehr auf die neue Klasse. Sie soll sehr nett sein, wie mir jetzt schon viele gesagt haben. Deshalb freut es mich

ja auch um so mehr, daß ich die Aussicht auf einen etwas geregelteren Schulbesuch habe.

Vielleicht wachsen mir ja auch die Haare wieder so weit, daß ich ohne Perücke oder Tuch herumlaufen kann. Mit dem Tuch, das habe ich jetzt erst ganz neu entdeckt, ist es viel angenehmer als mit dieser dummen Perücke.

Weißt du eigentlich, daß Familie Scholz, die Familie einer Klassenkameradin, auch sehr viel Sorgen mit ihrem Vater hat? Inge hat mir erzählt, daß er ein Geschwür im Hals habe, aus dem Gewebe entnommen wurde, und der Befund ist positiv, das heißt, er hat einen Tumor.

Ich habe Isi daraufhin einen Brief geschrieben und ihr in bezug auf Fragen etc. sämtliche Hilfe angeboten. Abends rief ich dann auch an, und der Befund war bis dahin schon so weit bekannt, daß der Tumor zumindest heilbar ist. Ich glaube, ich habe ihr etwas mit meinem Anruf geholfen. Ich hoffe es! Außerdem mußte ich es tun, weil ich ihr ja gerade in einem Brief erklärt hatte, warum ich das Verhalten der Klasse so feige fand: weggucken! Also wollte ich mich so auf keinen Fall verhalten.

Hoffentlich hat Herr Scholz auch so viel Glück wie ich und kommt an die richtigen Ärzte.

Mit unseren Plänen, daß ich Euch im August besuche, müssen wir uns komischerweise ganz schön den Kopf zerbrechen. Wenn ich wieder normal in die Schule gehe, kann ich also nur in meinen »Ferien« kommen. Eine andere Möglichkeit wäre, daß ich Mitte September komme, wenn meine neue Klasse ihre Klassenfahrt macht und ich nicht mitfahren darf. Oder Du kommst, wenn das einfacher sein sollte, zu uns. Ich hoffe nur, es wird klappen.

Die letzten Tage hatte ich nie Lust zu schreiben, aber heute macht es mir richtig Spaß.

Liebe Doris, grüße bitte Deine ganze Familie von mir, hoffentlich bis bald

Deine Belli

Am 30. Juli durften wir wieder nach Hause mit einer tollen Perspektive: In den nächsten drei Monaten wollte man dich ambulant behandeln. Alle zwei Wochen solltest du eine Spritze bekommen und zwischendurch zur ambulanten Untersuchung. Wir machten schon Pläne mit neuem Schulbesuch und auch einer Sommerreise. Bleomycin* hieß die Spritze, auf die die Ärzte setzten. Du hattest gehört, daß sie oft mit gutem Erfolg eingesetzt worden war. Am 9. August, als die Leukos wieder hoch genug waren, bekamst du die erste Spritze. Du vertrugst sie aber leider gar nicht gut, sondern bekamst Fieberanfälle und Schüttelfrost, wie wir es noch nie erlebt hatten. Zum Glück kamen Axel und Caroline aus Belgien und brachten etwas Ablenkung mit.

Es wurde in Bonn sehr viel ruhiger, denn es waren Schulferien. Meine Freundinnen sprangen zur Abwechslung ein. Löw holte dich nach Oberwinter, wenn es dir gutging. Da waren Lippi und Patty – ihre beiden Söhne –, du erholtest dich im schönen Garten, suchtest dir neue Bücher in ihrer großen Bibliothek aus und warst einfach dankbar, etwas anderes zu

* Bleomycin: Form der Chemotherapie, die ambulant mit Spritzen durchgeführt wird

sehen. Auch besuchtest du Josev und Jacqueline mit Philippe und Johann. Die beiden Jungs hatten noch Besuch von einem jungen Griechen. Drei junge, charmante und attraktive Männer saßen mit dir im Garten, Jacqueline kredenzte euch köstliche Erfrischungen, Johann holte seine Gitarre, und Philippe schwätzte mit dir von alten Tenniszeiten. Als du zehn Jahre alt warst, hattest du schon bei ihm Trainerstunden. Oder Christiane besuchte dich, und ihr nahmt Kassetten mit Musik auf, die dich zum Träumen verführte.

Auch bekamst du viele Briefe. Frau Dr. P., die Kinderärztin, schrieb dir aus der Kölner Klinik.

Köln, den 11.8.1982

Meine liebe Isabell,
sehr herzlich danke ich Ihnen für Ihren lieben Brief. Wie gut, daß die Therapie so ohne größere Beschwerden verlief. Und nun die Aussicht auf vierzehn ambulante Therapiewochen, das finde ich besonders schön und wünsche Ihnen, das Bleomycin spricht gut und nebenwirkungsfrei bei Ihnen an. Die Idee, nun erst einmal Urlaub zu machen, ist gut, aber nicht nur Ihre Eltern sollten sich erholen, sondern Sie selbst haben es gewiß auch sehr nötig. Ich weiß nur zu gut, wie Klinikaufenthalte, Therapien und vor allem das immer wieder »Warten-Müssen« uns innerlich angreifen und ermüden. Dann ist es immer besonders wichtig, sich in den Ruhepausen ganz tüchtig vollzusaugen mit Schönem, mit Freude und auch mit neuen Eindrücken. Je mehr wir in uns aufnehmen, um so weniger können uns unbewußte oder bewußte Sorgen bedrängen.

Darum wünsche ich Ihnen sehr schöne Ferien.

Wenn Sie wieder in den Schulbetrieb einsteigen wollen, bitte lassen Sie es ruhig angehen, seien Sie nicht zu ehrgeizig oder gar enttäuscht. Manches wird zu Beginn anders sein als früher. Nicht nur Ihr Körper, auch Ihr Geist, Ihr Denken, Fühlen und Empfinden sind durch Ihre Erkrankung in ganz anderer Weise gefordert worden, als die Schule es normalerweise tut. Andere Probleme, eine andere Art des Denkens hat Sie beschäftigt. Nun wird das »Umschalten« auf die Schule erst etwas schwer sein, vielleicht auch das Einstellen auf die Klassengemeinschaft, die ja ihrerseits andere Entwicklungen erlebt hat als Sie. Ein wenig Geduld und Gelassenheit werden Sie nun brauchen mit sich und den anderen, ehe beide »Welten« sich wieder vertraut werden, sich annähern und miteinander sich verbinden. Dies ist ein normaler psychischer Prozeß, der Sie nicht erschrecken oder ängstigen sollte. Auch hierzu viel Kraft und Durchhaltevermögen.

Zunächst einmal noch viele Freude im Urlaub. Es denkt viel an Sie und grüßt sehr herzlich

Ihre Ulrike P.

15. 8. 1982

Liebe Doris!
Bei Euch hat jetzt die Schule wieder angefangen. Dein Besuch bei mir war super.

Seitdem hat sich einiges ergeben. Ich habe schon meine erste Bleomycinspritze bekommen und sie leider gar nicht so gut vertragen. Ich hatte bis vierzig Fieber und starken Schüttelfrost. Das Ganze ebbte aber sichtlich ab, und ich hoffe, daß die nächsten Spritzen besser verträglich sind. Im ganzen ist das aber tausendmal besser als Krankenhaus. Außerdem hatten wir auch viel Besuch.

Liebe Doris, tut mir sehr leid, aber ich habe keine Lust, einen Brief zu schreiben, mich aber unbedingt melden wollen.

Bitte sei mir nicht böse, daß ich so kurz schreibe.

Tschüß

Deine Belli

Am 16. August durften wir für fünf Tage nach Oberlahnstein in ein gutes Hotel mit Ferienanlage fahren. Wir hatten bis dahin noch nie als Familie mit drei Kindern in einem so teuren Hotel übernachtet. Aber es sollte das schönste sein, das unter diesen Umständen möglich war. Weit fahren durften wir nicht, und ein Krankenhaus mußte in unmittelbarer Nähe sein, denn dein Blutbild mußten wir zwischendurch kontrollieren lassen.

Das Schönste für dich aber war, daß *wir* ein wenig Urlaub machen konnten. Mit Freude sahst du zu, wenn wir mit den Jungs Tennis spielten. Du durftest schwimmen, auch wenn dein Arm weh tat. Du warst glücklich wie ein Fisch im Wasser, schließlich warst du so eine gute Schwimmerin, daß dir zwei Beine und ein Arm zum Kraulen reichten. Auch spieltest du mit Christian und Matthias in dem Sporthotel Tischtennis. Da dir das Laufen schwerfiel, setzten dich die Jungs auf einen Stuhl und bemühten sich, dir die Bälle möglichst erreichbar zuzuspielen. Es war für dich eine kleine Illusion, aber es machte dir und den Jungs Freude. Eine schöne Dampferfahrt machten wir die

Lahn hoch und den Rhein runter. Die Mitreisenden merkten nicht, daß du zwischendurch Fieber messen mußtest, um zu entscheiden, ob du noch im Freien sitzen durftest oder dich wegen eines Fieberanfalls ins Schiffsinnere begeben mußtest. Aber es ging alles gut. Auch die Jungs waren sehr glücklich.

Am vorletzten Tag hatten wir die Familie Martin mit Jan eingeladen. Es war gar nicht so leicht, Vater von dem Vorhaben zu überzeugen. Aber Jan ging Anfang September an die Universität nach Kanada zurück. – Und ob ihr euch je noch einmal wiedersehen würdet? Es sollte kein bitterer Geschmack bleiben. Du wünschtest dir sehr, Jan zu sehen. – Hatty begriff das auch sofort. Es war ein harmonischer Tag und ein ganz normales »Auf Wiedersehen«, in der Hoffnung, daß Jan Weihnachten wieder nach Deutschland kommt und man sich sieht.

Am 23. August mußten wir wieder zur Spritze. Danach waren noch umfangreiche Untersuchungen angesetzt, ein CT und die Lunge. Der Chef der Röntgenologie untersuchte dich selbst. Ein großer, weißhaariger, stattlicher Mann, der bei Gott nicht leicht zu erschüttern ist. Nach der Untersuchung kam er zu mir und sagte nur: »Die Therapie muß sofort abgesetzt werden, ich spreche mit Professor L.!« Mein Gott, und du hattest gerade die zweite Spritze bekommen und Professor Jäger war in Urlaub! Der Professor war ganz blaß; auch für ihn warst du schon mehr als nur eine Patientin. Ich mußte mit den Tränen kämpfen. Ich weiß nicht warum, aber an seinen betroffenen Augen sah ich, daß er Schlimmes in der Lunge entdeckt hatte. Die Hoffnung auf ein medizinisches Wunder war nicht mehr gegeben. Das war mir in diesem Moment klar.

Die Ärzte besprachen sich. Du mußtest so schnell wie möglich neu therapiert werden. Ein Bett mußte her, Professor Jäger mußte im Urlaub benachrichtigt werden. Man hatte jetzt auch endlich das Ergebnis von der zweiten Gewebeentnahme. Zwei Institute hatten unabhängig voneinander untersucht und kamen nicht zu identischen Ergebnissen. Man verständigte sich auf die Diagnose, daß der Primärtumor wohl ein Ganglioneuroplastom* sei.

Dieses Mal zählten wir die Tage, bis wir nach Köln durften. Am 30. August hatten wir endlich ein Bett.

30.8.1982

Liebe Doris!
Nur einen kurzen und krakeligen Brief, weil ich wieder sehr große Schmerzen habe. Leider habe ich wieder einen Rückschlag, es hat also nicht mit der ambulanten Therapie geklappt.

Die nächsten fünf Tage werde ich ganz hart therapiert werden, damit der Tumor wieder zurückgeht. Ich bin froh, daß jetzt wieder etwas passiert, weil diese permanenten und kriechenden Schmerzen furchtbar sind.

Du wirst frühestens Sonntag wieder etwas von mir hören, weil dann die Therapie vorbei ist.

Liebe Doris, ich hoffe, Deine Schule hat gut gestartet; meine ja gar nicht.

* Ganglioneuroplastom: ein bösartiger Tumor

Bis bald, grüße Deine Mutter
Deine Belli

Du wurdest besonders hart therapiert, aber du kämpftest. Eigentlich wolltest du Anfang September wieder zur Schule gehen – in deine neue Klasse. Das mußten wir erstmal vergessen. Deine neue Klasse vergaß dich aber nicht! Sie kam auf dich zu. Frau Keller, deine neue Klassenlehrerin, deine neuen Mitschüler, sie alle kämpften mit dir. Zuerst kamen nur Briefe, dann kam Frau Keller persönlich nach Köln, ein wenig später trauten sich auch die Schüler. Das war eine große Motivation für dich.

2.9.1982

Liebe Isabell,
ich hoffe, daß die Grüße, die Ihnen Ihre neue Klasse zugedacht hatte, Sie schon erreicht haben. Gern würde ich – würden wir alle – Ihnen etwas mehr schicken als einige geschriebene Worte, aber das werden wir später tun, wenn Sie wieder zu Hause sein werden. Ich hoffe, Sie spüren, wie oft und wie sehr ich an Sie denke. Ich kannte Sie ja nur von Ihrem freundlichen »Morgen, Frau Keller« auf dem Schulhof, wenn ich Frühaufsicht hatte. Es ist deshalb gut, daß wir bei meinem Besuch vorige Woche länger miteinander reden konnten. Von dem Gespräch habe ich viel Nachdenkenswertes mitgenommen.

Bleiben Sie weiter so mutig! Manchmal können wir einem Menschen von der seelischen Last, die er zu tragen hat, etwas durch unser Da-sein und So-sein abnehmen.

Ihre körperlichen Schmerzen müssen Sie alleine ertragen, wenn ärztliches Wirken sie nicht lindern kann. Und doch meine ich, daß die Gewißheit, daß viele Menschen in Gedanken bei Ihnen im Krankenzimmer sind, sich vorzustellen versuchen, was Sie erleiden, Ihnen Kraft und Zuversicht geben müßte.

Meine Gedanken gehen zu Ihnen. Und hier stocke ich, denn was ich empfinde, wirkt ausformuliert so spröde. Ich lasse es also bei dem, was Sie wissen: daß wir bei Ihnen sind und hoffen, daß die Macht des Geistes im weitesten Sinne über unsere Ohnmacht im Physischen triumphiert.

Sobald es möglich ist – und die Eltern werden es mich wissen lassen –, komme ich Sie besuchen.

Herzliche Grüße

Ihre Ruth Keller

In diesen Tagen kam dich auch Björn in Köln besuchen. Er war seit langem ein großer Verehrer von dir und wartete nur auf ein Zeichen der Erwiderung. Aber so lieb er war, er war nicht dein Fall. Dir ging es an diesem Tag nicht gut, aber trotzdem saß Björn drei Stunden an deinem Bett und machte ergreifende Fotos von dir. Keine anderen Bilder haben die Atmosphäre in Köln so gut eingefangen.

Eine andere Kraftquelle wurde dir zuteil: Bud, Psychologe an der Amerikanischen Schule und dein ehemaliger Tennis-Turnierpartner im Club, wollte dir helfen. Er sprach mich an und sagte, er könne mit Entspannungs- und Hypnoseübungen deine Abwehrkräfte steigern. »Hypnose« schien uns allen sehr suspekt, aber Bud trauten wir nichts Böses zu. Ich fragte Professor L., ob man durch Hypnose einen Charakter verbiegen kann. »Eher verbiegt er sich seine Zähne als Isabells Charakter!« war seine Antwort. Professor Jäger wurde auch gefragt, und er sagte mir, daß alles helfen kann, wenn man daran glaubt. Ich mußte ihm nur versprechen, daß wir alle seine medizinischen Anordnungen streng einhielten. Das war für uns selbstverständlich. Natürlich waren wir zu diesem Zeitpunkt auch schon bei allerlei ernährungswissenschaftlich getesteten Produkten angelangt. Jede Chance, von der man in einer solchen Situation hört, nimmt man wahr. Also durfte Bud kommen.

Er bestand darauf, mit dir alleine im Zimmer zu sein. Ich mußte dafür sorgen, daß niemand hineinkommt und stört. Also setzte ich mich wieder wie ein Zerberus auf den Stuhl und bewachte die Tür von außen. Nach einer Stunde kam Bud heraus: Er hatte deine gesunden Zellen aktiviert, damit sie die Tumorzellen bekämpften, und verabschiedete sich. Dein Bericht war entzückend: »Also weißt du, Mama, zuerst war das ja ganz angenehm, ich sollte von Dingen träumen, die ich früher am liebsten tat. Und dann sprach er zu meinen Tumorzellen, als wolle er sie vernichten. Zum Schluß ging er mit mir und meinen Gedanken schwimmen und auf den Tennisplatz. Ich habe ihm den Gefallen getan!« Du nahmst das alles von der heiteren Seite. Aber geholfen hat er dir auch, denn von nun an hast du fast täglich mit deinen »Scheiß-Tumorzellen« gesprochen und mit ihnen gekämpft. Bud hatte deinen Kampfgeist enorm aktiviert.

10.9.1982

Liebe Doris!

Die Therapie ist vorbei, war sehr schwer, hat aber auch prima gewirkt. Meine Schmerzen sind ertragbar, und außerdem darf ich ab morgen für zwei oder drei Wochen nach Hause. Damit hatte ich gar nicht gerechnet. Nach dieser Pause wird das gleiche Schema noch einmal wiederholt.

So, jetzt hast Du erst einmal einen ungefähren Überblick. Seelisch geht es mir momentan bombig. Ich bin wahnsinnig glücklich, lustig und unternehmungshungrig.

Letzten Montag hat mich Björn besucht. Das war vielleicht eine heiße Sache. Er war drei Stunden da, die ich auch sehr genossen habe, weil ich mich gefreut habe, daß er mich besucht hat.

Aber natürlich kam es, wie es kommen mußte. Er fragte mich, ob ich ihn liebe etc. Ich sagte ihm schonend, nein. Ich hoffe, er hat es verkraftet! Ansonsten war der Montagabend noch bombig lustig, weil im Moment sehr viele junge Leute auf der Station liegen.

Liebe Doris, grüße Deine Mutter von mir. Hoffentlich bis bald,

Deine Belli

Am 11. September fuhren wir wieder nach Hause.

Deine neuen Klassenkameradinnen kamen dich der Reihe nach besuchen. Das beglückte dich sehr. In diesen Tagen kam ich einmal nach Hause, da hattest du Besuch von drei oder vier Mädchen aus deiner neuen Klasse. Räucherkerzen brannten in deinem Zimmer, die hatte wohl jemand mitgebracht. Ingund hatte, so glaube ich, eine Gitarre dabei. Ihr saßt auf dem Boden und sangt. – Mein Gott, du warst doch ein todkrankes Mädchen. Ich bangte um deine Lunge – und freute mich doch so sehr für dich, daß dir dieses Stückchen Leben möglich war.

Ein paarmal brachte ich dich zu Mrs. Gipson, einer Freundin von Hatty. Dort konntest du Videofilme gucken. Sie besorgte dir jeden, den du dir wünschtest. An zwei Filme kann ich mich erinnern, die dich begeisterten: *On Golden Pond* mit Katharine Hepburn und Henry Fonda. Sie spielten ein gemeinsam alt gewordenes Ehepaar, das den Alltag seines Lebensabends mit einem liebevollen Kleinkrieg lebhaft gestaltete. Du kamst nach Hause und sagtest: »Mama, dieser Film zeigt euch beide in dreißig Jahren!« Der andere Film erschütterte dich sehr. Es war *Caesar und Kleopatra* mit Elizabeth Taylor. Ich sah die letzte halbe Stunde des Films mit dir zusammen. Kleopatra – eine große Frau – wollte in Würde sterben und nicht als Sklavin. Die einzige Möglichkeit, das zu erreichen, sah sie im giftigen Schlangenbiß.

Die Gedanken an den Tod beschäftigten dich immer intensiver. Einmal kam Töbi abends vorbei. Wir saßen alle im Wohnzimmer, Papa war auch zu Hause. Ich spürte, daß dir Fragen auf dem Herzen brannten, die du damals nur mit Töbi allein besprechen konntest. Ich ging aus dem Zimmer und hoffte, Vater würde mitkommen. Aber er dachte gar nicht daran. Nach fünf Minuten lockte ich ihn unter dem Vorwand eines Telefonats aus dem Zimmer. Ich bat ihn, euch beide allein zu lassen. Er fand das höchst unhöflich, aber er blieb bei mir.

Diese halbe Stunde nutztest du wohl, um dich zu erkundigen, wie der Tod bei dieser Art Krankheit aussehen könnte. – Du wolltest den Menschen und der Zukunft immer ins Auge sehen. Töbi nahm dir die Angst vor den Schmerzen. Dies ließ dir die Hoffnung auf einen würdigen Tod.

17.9.1982

Liebe Doris!
Ich habe mir gerade die Korrespondenz der letzten vier Wochen angeguckt, und da war dein »Packen« so dick, daß ich mich sehr gefreut habe, eine so gute Freundin zu haben. Die Kassetten waren eine super Idee, gerade mit Komikern. Ich finde beide sehr gut.

Wie Dir vielleicht mein Vater am Telefon erzählt hat, geht es mir im Moment nicht so sehr gut. Ich habe unheimliche Angst, daß die Therapien nichts nützen und ich den Entschluß fasse, nicht mehr therapiert werden zu wollen, weil es nichts bringt, sondern nur die Qual der Therapie. Ich bin im Moment sehr mutlos und deprimiert, weil ich fast sofort wieder so große Schmerzen bekommen habe. Das war nun schon extra eine besonders schwere Therapie, und ich habe trotzdem Schmerzen.

Ich habe auch vor der Art des Sterbens Angst. Es ist so grausam. Manchmal kann ich nicht atmen, manchmal mich nicht mehr bewegen. Ich will aber doch so gerne leben!

Liebe Doris, sag Deiner Mutter alles Liebe von mir
Deine Belli

21. 9. 1982

Liebe Belli!
Vielen herzlichen Dank für Deinen Brief. Er war sehr, sehr offen. Ich will versuchen, genauso offen zu antworten. Dabei bin ich nun etwas ratlos. Ich kann eine Menge schreiben, über das Wetter und anderes, aber ich möchte doch auf das, was Du geschrieben hast, eingehen und nicht einfach daran vorbeisehen. Ich möchte Dir irgendwie helfen, doch mir fällt nur eine Sache ein, die meiner Meinung nach wirklich hilft. Es fällt mir auch schwer, es so auszudrücken, daß es nicht nach unnützer Theorie aussieht. Vielleicht denkst Du auch, daß ich leicht reden kann, wo ich nicht in dieser Situation stecke. Trotz allem werde ich es versuchen zu schreiben. Vielleicht ist es für Dich eine wirkliche Hilfe.

Du weißt ja, daß ich an Jesus Christus glaube. Ich glaube auch, daß er jedem in jeder Situation helfen kann. Leider ist hier schon die erste Frage, auf die ich keine Antwort weiß. Ich weiß nicht, warum er zuläßt, daß Du so starke Schmerzen erdulden mußt. Das ist einfach unbegreiflich. Darum wird es auch unverständlich sein zu glauben, daß Gott jeden Menschen liebt. Das scheint unmöglich, doch wage ich es trotzdem, daran festzuhalten. Vielleicht gerade deshalb, weil Jesus am Kreuz so viele Schmerzen erleiden mußte. Darum kann er Dich besser verstehen als jeder andere. Und weil er Dich so gut versteht und kennt, kann er auch helfen, selbst wenn es uns ganz unverständlich ist, warum er soviel Leid zuläßt.

Vielleicht denkst Du gerade jetzt, daß ich noch von Gottes Liebe reden kann, wo ich gar keine richtigen

Schmerzen kenne. Da hast Du recht, doch gibt es viele andere Menschen, die trotz Leid an Gott glauben konnten. Ich denke zum Beispiel an Joni. Darum möchte ich doch weiterschreiben, selbst wenn ich Deine Lage noch nie annähernd erlebt habe.

Eine Bibelstelle gefällt mir besonders gut Da heißt es: »Jesus Christus ist gekommen, damit wir Leben im Überfluß haben.« Der Satz sieht im ersten Moment lächerlich und sogar falsch aus, weil sich die vielen Schmerzen sicher nicht als »Leben im Überfluß« bezeichnen lassen. Aber Gott hat ganz andere und uns teilweise unverständliche Maßstäbe. Wenn er von Leben spricht, meint er nicht ein Leben mit dem, was uns als lebenswert erscheint, zum Beispiel Komfort, Amüsieren und andere Dinge. Gott schenkt ganz anderes Leben: Leben mit Erfüllung, einem Sinn, innerlichem Frieden und Freude. Dieses Leben bietet er jedem von uns an. Es liegt an uns, ob wir auf ihn vertrauen und uns darauf einlassen oder nicht. Eine Stelle im Römerbrief (Röm. 8,34–38) sagt, daß uns nichts, weder Tod und Leben noch irgendeine Gewalt, von der Liebe Gottes trennen kann. Das hat auch die Folge, daß nichts ein von Gott geschenktes Leben zerstören kann. Ein Leben mit Gott wird nie aufhören, sondern ewig dauern, weil es nicht von außen beeinflußt wird. Das heißt, daß Du ganz unabhängig davon, ob die Therapie erfolgreich ist oder nicht, leben kannst. Gott ist immer bei Dir, er schenkt Dir Kraft auch gegen die Angst.

Liebe Belli, das war es, was ich Dir sagen wollte. Hoffentlich war es nicht zu hochtrabend und theoretisch. Ich werde auch im Gebet oft an Dich denken. Ich wünsche Dir das Allerliebste, Gottes Segen und von ganzem Herzen Erfolg bei der Therapie.

Deine Doris

Meine Mutter läßt Dich auch ganz herzlich grüßen.

Am 19. September 1982, bereits zwei Wochen nach Ende der letzten Therapie, mußtest du wieder nach Köln. Du hattest so starke Schmerzen im Knie, daß du nur noch mit Krücken gehen konntest.

19.9.1982

Liebe Doris!
Ich bin wieder im Krankenhaus, und es geht mir nicht sehr gut. Diese Therapie ist etwas verändert worden, und ich muß mich oft übergeben.

Ich wollte Dir aber wenigstens sehr für Deinen Brief danken.

Gerade ist der evangelische Pfarrer hereingekommen. Seit November 1981 wollte er angeblich immer mal hereinschauen, aber hat es nie getan.

Bei dieser Therapie ist mein Vater bei mir. Er ist momentan selbst Patient hier, weil er sich einmal durchchecken lassen will.

Liebe Doris, sei nicht böse, daß ich nur so wenig schreibe.

Grüße alle von mir,

Deine Belli

22.9.1982

Meine liebe Doris!
Ich habe Deine beiden Briefe erhalten, auch die Baumrinde. Ich finde das sehr originell, aber die Post ist auch verpflichtet, so etwas zu schicken.

Ich bekomme gleich einen Subclaviakatheter gelegt. Bis dahin will ich noch viele Briefe schreiben.

Die letzte Therapie hat fast gar nichts gebracht. Deshalb ist diese Therapie jetzt auch ganz neu. Ich hoffe sehr, daß ich auf sie anspreche. Falls sich diese Therapie nicht bewähren sollte, würde ich doch ganz schön Angst bekommen. Vor allem meine Schmerzen in der Lunge werden immer schlimmer.

Liebe Doris, ich weiß nicht, wie es mir in der zehntägigen Therapie gehen wird, kann Dir also auch nicht sagen, ob ich mich so bald wieder melde.

Mach's gut bis dahin, ich glaube, nach Oberursel werde ich vorläufig nicht kommen können.

Tschüß, Deine Belli

PS. Grüße Deine Mutter.

Es war ein neues Schema, die Platinex-Therapie. Wir wurden über das Risiko der Folgeschäden bei dieser Art Therapie aufgeklärt. Taubheit und Zerstörung der Nieren, wenn diese nicht pausenlos mit Flüssigkeit durchspült werden. Wir mußten täglich den Vierundzwanzig-Stunden-Urin sammeln und nach Möglichkeit drei bis vier Liter Flüssigkeit in dich hineinpumpen – und das trinkenderweise, nicht über Infusionen. Dabei mochtest du nichts zu dir nehmen, weil dir so schlecht war. Wir mußten über jede Tasse Flüssigkeit, die du zu dir nahmst, und über jeden Tropfen Urin, den du von dir gabst, genau Buch führen. Für einen gesunden, streßresistenten Menschen ist das schon eine starke Belästigung. Was mußte es aber erst für einen schmerzgeplagten Patienten sein, der jeden Gang zur Toilette auf dem Flur nur mit Krücken und Infusionsständer bewältigen konnte. Allein ging das sowieso nicht mehr. Zwei Personen mindestens mußten dich begleiten. Aber deine Mobilität wolltest du so lange wie möglich bewahren.

Diese Therapie verlangte von dir und auch von uns das Äußerste an Willensstärke und Disziplin. Dir war fast ununterbrochen schlecht, und du konntest kein Essen sehen, geschweige denn riechen. Ich mußte selbst zum Zähneputzen auf die Patiententoilette gehen. Auch frühstücken und Kaffee trinken konnte Vater oder ich nur auf dem Flur. Als Vater am Freitag nach Dienstschluß kam, um mich abzulösen, war ich mit meinen Kräften ziemlich am Ende. Wie muß es dir erst gegangen sein. Vater verabschiedete mich mit den Worten: »Versuch dich ein wenig zu erholen!« – Und ich setzte mich ins Auto und fing an, hemmungslos zu weinen. – Als ich Richtung Autobahn fuhr, spürte ich die Sehnsucht wegzufahren – weit weg – irgendwohin, wo ich alles vergessen konnte! Ich sah die Autobahnschilder Aachen-Bonn und dachte an meine Freundin Lou in Antwerpen und meinen Bruder Siegfried in Mannheim. Ja, zu einem von beiden mußte ich fahren, bei beiden konnte ich mich geborgen fühlen. – Aber was war mit Matthias und Christian? Sie warteten zu Hause auf mich und brauchten mich doch so sehr. Sie brachen aus ihrem Schicksal nicht aus, durfte ich dann fliehen? – Also fuhr ich nach Hause zu den Jungs und besprach mich mit ihnen. Beide waren so lieb und rieten mir, übers Wochenende wegzufahren. Am Abend rief ich Siegfried und Ulli an. Am Samstag früh fuhr ich nach Mannheim.

Es war ein erholsames Wochenende. Eingebettet fühlte ich mich in Liebe und Verständnis, angeregt und abgelenkt durch Tennisspielen und Radfahren. Am Samstag abend gingen wir gepflegt essen. In unseren Gesprächen waren wir viel bei dir und Vater, aber es gab eben auch noch anderes. Dieses Streicheln der Seele und Verwöhntwerden des Geistes und des Gaumens tat so gut! Als ich am Sonntag abend nach Hause fuhr, konnte ich ein wenig den Jungs davon mitbringen. Und als ich ganz früh am Montag morgen Vater in der Klinik ablöste, brachte ich dir frischen Mut und viel Neues zum Erzählen mit.

Der einzige Lichtblick in diesen Tagen war Jacob, von uns Sunnyboy genannt. Er, ein junger, attraktiver, charmanter Medizinstudent, machte die Nachtwache in dieser Therapie, aber eine sehr amüsante. Jacob kam jeden Abend forsch mit einem flotten Wagen zum Dienst. Den hatte er wohl seiner Tüchtigkeit zu verdanken. Das Erstaunliche an ihm war, daß er sich neben seinem guten Aussehen und seinem Charme ein Herz für das Menschliche erhalten hatte. Er kam jeden Abend zu dir ins Zimmer und versuchte, dich aufzuheitern. Ich konnte gar nicht so oft und so lange auf die Toilette gehen, wie ich euch allein lassen wollte. Abends waren meine Möglichkeiten, aus dem Zimmer zu verschwinden, sehr beschränkt. Sunnyboy hielt auch nicht damit hinterm Berg, daß er dich – trotz allen Anstands, den er immer wahrte – gern hatte. Du freutest dich jeden Tag auf seinen Dienst. Du zeigtest ihm auch die letzten Fotos, die Siegfried gemacht hatte. Er erbat sich eins von dir. Was machte dich das froh!

Doris kam aus Oberursel, um dich zu besuchen.

2.10.1982

Liebe Doris!
Das war wirklich eine unheimliche Überraschung, als ich aufwachte und Du standest an meinem Bett.

Einen Tag später erreichte mich Deine Kassette. Vielen, vielen Dank. Sie hat mir schon vier schöne, amüsante Stunden bereitet.

Gestern ist meine Therapie am neunten Tag abgebrochen worden, weil meine Leukozyten schon so tief gefallen waren. Ich bin darüber alles andere als verärgert.

Weißt Du, wer mir von den Lehrern geschrieben hat? Frau Hertwek! Kennst Du sie überhaupt noch? Wir hatten in der fünften und sechsten Klasse bei ihr Bio.

Es ist unheimlich beglückend, wenn einem plötzlich aus allen Ecken die Leute Briefe schreiben und man angerufen und besucht wird. Heute war Frau Keller das zweite Mal da. Insgesamt haben mich jetzt schon fünf Leute aus der 10a besucht. Ich bin überrascht über so viel Herzlichkeit.

Liebe Doris, ich hoffe, Du kannst in Deinen Herbstferien kommen.

Grüße Deine Mutter,
Tschüß, Deine Belli.

Dein Bedürfnis, deine Gedanken schriftlich festzuhalten, wurde immer größer. Wann immer es deine körperliche Verfassung zuließ, schriebst du Briefe. Eines Tages brachten dir deine neuen Klassenkameradinnen ein kleines Büchlein mit, das in blaue chinesische Seide eingebunden war. Vorne stand »Diary« darauf, aber im Innern waren nur leere Seiten. »Was soll ich denn damit?« war deine erste Frage. »Du könntest deine Gedanken hineinschreiben!« war meine Antwort. In Köln fingst du damit schon an.

Am 1. Oktober wurde die Platinex-Therapie vorzeitig abgebrochen, da deine Leukos zu tief waren. Aber deine Schmerzen hatten nachgelassen, und die Röntgenaufnahmen zeigten Erfolge. Wir atmeten auf. Vater und ich waren an einem Abend bei Freunden eingeladen, damit wir mal wieder an etwas anderes dachten. Gegen einundzwanzig Uhr riefst du an, du hattest Ohrenschmerzen. Vater fuhr sofort zu dir nach Köln und blieb.

Am darauffolgenden Sonntag ging auf dem Flur eine erschreckende Nachricht von Mund zu Mund: Claudias Blutbild zerfällt. Sie hatte nach einer durchstandenen Therapie gerade eine Leukopenie überwunden. Gestern noch saß sie mit uns auf dem Flur. Heute hatte man die Brüder informiert und gebeten, von weither zu kommen. Wir versuchten am Anfang, diese Entwicklung von dir fernzuhalten. Aber es ließ sich gar nicht vermeiden. Am Montag trafst du einen Bruder von Claudia auf dem Flur und fragtest ihn, warum sie denn nicht aus dem Zimmer komme. Michael, der junge Student, war auch wieder zur Behandlung auf der Station, und er versuchte, es dir schonend beizubringen. Es war für uns alle grausam, aber besonders für dich. Von den Patienten auf der Station fühltest du dich ihr am nächsten.

Schwester Elisabeth bemühte sich um deine Entlassung. Du solltest Claudias Tod nicht miterleben. In der Nacht von Dienstag auf Mittwoch wurde sie erlöst – das weitere erzählst du viel besser!

15.10.1982

Meine sehr liebe Frau Dr. P.!
Ich bin jetzt erst vier Tage entlassen und habe schon so viel zu erzählen. Eigentlich hätte ich Ihnen jeden Tag einen Brief schreiben können, jeder ein anderes, neu hinzugekommenes »Problem« behandelnd, oder eine neue Stimmungslage. Aber es ging alles so Schlag auf Schlag, daß erst jetzt etwas Endgültiges herausgekommen ist, was ich auch verdaut und akzeptiert habe.

Der Reihe nach:

Ich wurde am Dienstag morgen entlassen und war auch schon mitsamt meiner Mutter in einem ziemlichen Stimmungstief, weil eine junge Frau auf der Station im Sterben lag. Claudia ist jetzt auch schon erlöst worden. Meine Eltern und mich hat das sehr mitgenommen, weil wir Claudia alle sehr gerne hatten und sie mir außerdem noch in meiner etwas kritischen Zeit um Juni herum sehr viel Mut gegeben hat. Sie ist siebenundzwanzig Jahre alt und hatte eine Lymphdrüsenerkrankung (Krebs?). Seit drei Jahren wurde sie therapiert, aber alles ohne einschlagenden Erfolg. Zeitweise ging es ihr schon wieder sehr gut, und ich finde, daß sie einen ungeheuren

Lebenswillen und Mut hatte. Trotzdem hat aber der Tumor gesiegt.

Schwester Elisabeth (Stationsschwester) hat probiert, mich davon nichts mitbekommen zu lassen, aus Angst, daß es meine gerade wieder sich festigende Stimmung umwerfen würde. Am Montag habe ich morgens alles von ihrem [Claudias] Bruder erfahren, und ich bin froh darüber, denn wenn ich einen Tag später mich nach ihr erkundigt hätte, weiß ich nicht, wie man mir Claudias Tod hätte beibringen können. Claudia starb Dienstag abend, und das ist auch Schwester Elisabeths Werk, daß sie alle Hebel und Knöpfe in Bewegung gesetzt hat, damit ich schnell und noch vor Claudias Tod herauskam. Erfahren würde ich es so oder so, aber sie hat mir erspart, es mitzuerleben. Ich bewundere die Mutter und die beiden Brüder und den Freund, wie tapfer sie das Schicksal akzeptieren. Auf der Station war insofern eine sehr niederdrückende Stimmung.

Ich konnte nicht begreifen, daß sich Claudias Zustand so schnell verändern konnte. Sie war ganz überraschend nach einer therapiebedingten Leukopenie nochmals in eine Leukopenie gefallen, so daß sie therapieuntauglich war und blieb. Aber noch sieben Tage vor ihrem Todestag lief sie herum und setzte sich auch mit ihrem Bruder auf die Bank, und dann plötzlich kann und kommt sie nicht mehr aus dem Bett und stirbt kurz darauf.

Wie konnte das so schnell gehen? Für sie war es sehr wünschenswert und das letzte, was man ihr wünschen konnte, aber ich kann es nicht begreifen. Die Tatsache warf mich auch bis Dienstag abend sehr um, und ich befragte und erzählte meinen Eltern nur noch über den Tod, warum ich ihn fürchte, ob ich bald sterbe, so wie Claudia...? So ungefähr nach einer Stunde sagte mir mein Vater, daß ich, dauernd darüber [Tod] laut denkend, meine Eltern damit zermürben würde. Ich kam mir auch sehr gemein und egoistisch vor, was meine Eltern gar nicht wollten, aber es war wirklich nur ein Selbstschutz, so wie ich auf ihren Nerven und ihrer Liebe herumgetrampelt bin.

In diesem Moment hätte ich kampflos kapituliert, aber zum Glück fragte mich keiner. Ich dachte, ich würde auch bald sterben und war richtig deprimiert, wie in »besten« Zeiten. Nach der Bitte meines Vaters aber wollte ich mich wieder zusammennehmen, was mir auch ganz gut gelang. In der Nacht habe ich mich einmal übergeben. Vorher tat mir die Lunge sehr weh, danach nicht mehr. Am Mittwoch morgen räumte ich mein Zimmer etwas auf und wurstelte so vor mich hin und bekam ab fünfzehn Uhr Besuch. Aber im Laufe des ganzen Tages wurden meine Schmerzen immer doller. Am Abend hatte ich sehr starke Schmerzen, und ich war beunruhigt, wir machten aber nichts weiter. Es war wie immer die ganze rechte Seite. Am Donnerstag hatten wir sowieso einen Termin bei Dr. Töbellius, aber wir wären auch so hingegangen. Meine Schmerzen waren nämlich derart schlimm, daß ich kaum laufen konnte. In diesem Zustand war ich unwahrscheinlich enttäuscht, weil die Schmerzen immer sofort wiederkommen und dann gleich so schlimm. Ich war ziemlich hoffnungslos, weil ich mir nicht vorstellen konnte, warum die Schmerzen wieder da sind. Die Röntgenaufnahmen waren so gut! Dr. Töbellius riet uns auch, sofort neu zu therapieren.

Über diese Situation konnte ich mir noch nicht klar werden. Zurück nach Köln mit der miesen Stimmung? Alle hatten seit drei Jahren mit Claudia gekämpft und verloren, die kürzeste Therapiepause seit eh und je...

Andererseits aber die plagenden Schmerzen, die nur so weggehen. Zumindest war ich zerschlagen. Ich hatte mal wieder zu weit geplant.

Ich war so, so... – ich kann Ihnen dafür leider keine Vokabel nennen, ich wollte es einfach nicht wahrhaben, schon wieder in diese Tretmühle zurückzumüssen – geschlagen! Jetzt hat sich das Ganze aber so entwickelt, daß ich die nächste Therapie, ganz schnell anfangend, im Bonner Krankenhaus machen kann. Ich bin plötzlich froh. Dahin gehe ich sogar freiwillig. Zwar ist die Tatsache noch immer da, daß ich wieder Schmerzen habe, aber trotzdem sehe ich nicht mehr schwarz. Köln wäre diesmal sehr mühsam geworden!

Mutti meint, daß die Schmerzen auch psychologisch verursacht werden können. Nämlich, kaum war ich zu Hause – KNALL –, habe ich Schmerzen.

Vielleicht wäre es ganz gut, wenn Sie mit unserer Familie – einzeln, oder wie auch immer – sprechen würden. Mutti und ich würden sehr gerne, und für meine Brüder wäre es gut. Ich glaube, sie haben das [die Krankheit] noch nicht verarbeitet.

Mit meinem Vater muß ich noch darüber sprechen. Liebe, liebe Frau Dr. P., ich kann Sie nur bewundern, wie Sie Ihre Last tragen!

Ich wünsche Ihnen alles erdenklich Gute.

Ihre Isabell

Köln, den 19.10.1982

Meine liebe Isabell,
heute war der Tag sehr anstrengend, Sie werden es meiner Schrift anmerken, aber ich möchte Ihnen doch heute noch schreiben.

Über Ihren so langen und offenen Brief habe ich mich wirklich sehr gefreut. Ich konnte mir so recht gut vorstellen, wie es Ihnen ergangen war. Ganz lieben Dank für Ihr Vertrauen!

Wissen Sie, Isabell, ich denke halt jeden Tag ganz intensiv an Sie, sende Ihnen einen großen Strauß guter Wünsche. Dieses Denken ist noch um vieles intensiver, wenn ich ahnen kann, wie es Ihnen geht. Ich bin so froh, daß Sie nach dem niederdrückenden Erleben mit Frau Claudia zu Ihrem Mut und zu Ihrer Tapferkeit zurückgefunden haben. Wie schwer dies ist, weiß ich aus eigenem Erleben. Und doch glaube ich, man sollte ruhig offen und auch immer wieder über seine eigenen Ängste sprechen. Tun Sie sich keine Gewalt an. Es kostet zu viel von der Kraft, die wir besser im Kampf gegen den Tumor einsetzen sollten.

Wenn Sie, sehr liebe Isabell, oder einer Ihrer Lieben mit mir sprechen möchten, bin ich jederzeit und immer gern dazu bereit. Sie müßten es mich nur wissen lassen.

Nun sind Sie schon zwei Tage im Krankenhaus. Wie sehr hoffe ich mit Ihnen, daß sich die Erkrankung des Kniegelenks bald diagnostizieren läßt und dann eine zielgerichtete Therapie möglich wird. Aber verlieren Sie nicht die Geduld, so schwer es auch ist, denn oft zeigt sich erst mit der Zeit, was eigentlich mit einem Körperteil geschehen ist.

Bruzky, mein Eichkater, will auch »Briefe schreiben«, er nagt ständig am Kugelschreiber und besieht sich sinnend die Schrift, er faucht, wenn ich das Blatt wegziehe. Damit Sie sich das kleine Ungeheuer vorstellen können, lege ich Ihnen ein Foto von ihm bei. Er läßt Sie so lieb grüßen.

Seien Sie auch von mir ganz herzlich und lieb gegrüßt und lassen Sie bald wieder von sich hören. Meine besten Wünsche sind bei Ihnen. Sie brauchen mich gewiß nicht zu bewundern, Sie sind ebenso tapfer wie

Ihre Ulrike P.

Siegfried kam uns noch einmal mit Ulli und Sascha besuchen. Sie wollten uns Freude und Entspannung bringen und keine Hektik und Arbeit. Also brachten sie, vorbereitet für uns alle, unsere Lieblingsspeisen mit. Ich durfte an dem Wochenende nicht in die Küche. Siegfried machte noch wunderschöne Fotos von dir. Auch fotografierte er deine Lippen ganz groß. Das entzückende Wesen von Sascha, ihre instinktive Anhänglichkeit waren für dich Trost.

In diesen Tagen schlugen wir zu Hause in unserem großen Wohn-/Eßzimmer ein Klappbett auf. Du solltest das schönste Zimmer, den schönsten Blick in den Garten haben und immer im Mittelpunkt der Familie stehen. Nachts schlief ich im Wohnzimmer neben dir.

Als Sascha ihren ersten Geburtstag hatte, wolltest du ihr eine Freude machen.

17.10.1982

Meine liebe, kleine Sascha!
Wenn Du auch jetzt noch zu klein bist, um mit diesem Brief etwas anfangen zu können, so wird er Dir hoffentlich später etwas sagen.

Aus meiner jetzigen Sicht erscheint mir die körperliche und geistige Gesundheit als etwas außerordentlich Wünschenswertes, und ich hoffe von Herzen, daß Dein Schicksal es Dir schenken wird.

Du zählst jetzt erst ein Jahr und hast hoffentlich noch viele glückliche Jahre vor Dir.

Ich wünsche mir so sehr, daß Dir kleinem, süßem Lebewesen möglichst wenig Unheil und Last in Deinem Leben aufgeladen wird.

Leider konnte ich Dich Dein langes Leben lang erst wenig sehen, aber Du hast mich trotzdem schon mit Deinem Charme und Deiner Fröhlichkeit gefesselt.

Ich hoffe, der Ball, den wir Dir schenken, erfreut Dich. Wir hatten auch so einen und liebten es, damit zu spielen.

Ich wünsche Dir einen schönen und interessanten ersten Geburtstag und alles erdenklich Liebe auf dieser Welt.

Wir lassen Dich alle hochleben!
Deine Isabell

Am 16. Oktober 1982 rief Jan aus Kanada an und telefonierte lange mit dir. Er wollte Weihnachten wieder nach Deutschland kommen und seine Eltern und auch dich besuchen. Er versuchte, dir neue Kraft zu geben.

Am Sonntag abend kam noch einmal Töbi. Er brachte dir etwas mit: einen kleinen, alten Stahlblock, in den ein Wappen und die Inschrift »Gruß aus dem Egerland« eingraviert war. Die Geschichte dieses Stahlblocks kannten wir nicht. Er schenkte dir diesen Gruß »nur so«, wie er sagte. Später habe ich diesen alten Stahlblock von einem Graveur polieren lassen und Töbi zur Erinnerung als »Briefbeschwerer« zurückgegeben.

Am Montag, dem 18. Oktober, ging es ins Bonner Krankenhaus. Du hattest Angst vor der Therapie. Einer von uns blieb nachts jetzt immer bei dir. Man versuchte, deine Schmerzen im Knie durch Bestrahlung zu lindern, aber es half nichts. Am 22. Oktober begann die zweite Platinex-Therapie. Bevor dir dieses Mal der Katheter gelegt wurde, durftest du auf der Station noch ein Bad nehmen. Wir beide waren in dem großen Stationsbadezimmer allein. Dort wolltest du von mir wissen, ob ich glaubte, daß du stirbst. Ich sagte dir, daß auch ich noch auf ein Wunder hoffe, aber du spürtest, daß mein Glaube klein und zaghaft geworden war.

Zum Glück halfen uns viele Freunde, diese Gespräche mit dir zu führen. Inge kam mit Büchern über den Tod, aber das war nichts, so schwer wolltest du es nicht. Die drei Lehrerinnen – Frau Keller, Frau Bell, Frau Niefindt – fingen so manch zitternde Frage von dir auf und bemühten sich, nach einer ehrlichen Antwort mit dir zu suchen. Du wolltest noch Weihnachtsgeschenke machen, Deckchen sticken und stricken – trotz deiner Schmerzen im Arm. Brigitte und Hatty überlegten gemeinsam mit dir, besorgten alles und halfen dir.

Dr. Töbellius fing mich einmal auf dem Flur ab,

um mich zu sprechen. Er sagte mir, daß er vier Tage nach Ende deiner Therapie für vier Wochen in Urlaub gehen werde. Es sei eine Fernreise, und sie ließe sich nicht verschieben. Bei dieser Gelegenheit sagte er mir auch, daß er noch nie einer jungen Patientin so nahegestanden habe und daß es ihm schwerfalle, in ein paar Tagen zu fahren. Du hast es aber klaglos akzeptiert. Du gönntest ihm seinen Urlaub. Am nächsten Tag brachte dir Schwester Ulrike zwei Fotos von ihm. Ärztlicherseits warst du bei Dr. Petri und Dr. Kern in besten Händen, aber Töbi konnte dir niemand ersetzen.

Am 31. Oktober war Therapieende, aber die Schmerzen waren immer noch da. Du bekamst einen weiteren Apparat ins Zimmer, durch den du die Stärke des Schmerzmittels Dipidolor selbst einstellen konntest. Das half! Die Schmerzen wurden teilweise erträglich, aber die Kunst war, die Menge des Schmerzmittels richtig zu dosieren.

In einer Nacht gab es einen erschreckenden Zwischenfall. Vater war bei dir und rief mich gegen dreiundzwanzig Uhr an. »Ich glaube, Belli stirbt, komm bitte sofort!« – »Hast du den Arzt schon gerufen?« – »Schwester Ulrike hat den diensthabenden Nachtarzt informiert.«

Von Oberarzt Dr. Petri hatte ich weder Telefonnummer noch Adresse, aber von der zweiten Oberärztin. Sie wohnte nebenan und kam sofort ins Krankenhaus. Ich war noch nie so schnell mit dem Auto dort. Auf dem Stationsflur traf ich Schwester Ulrike. Sie sagte mir, daß du lebst, man habe die Situation im Griff. Das

Dipidolor hattet ihr wohl zu hoch eingestellt, so daß dein Kreislauf kollabierte. Du hattest Phantasien und den Eindruck, ins Jenseits zu gehen. – Nein, so wolltest du nicht sterben. Daß du sterben mußtest, darauf stelltest du dich schon seit längerer Zeit ein. Aber bitte nicht so. Das war nicht dein Tod, nicht dein Abschied. Am nächsten Morgen kam Dr. Töbellius und beruhigte dich. Er kam jetzt jeden Tag öfter; in zwei Tagen fuhr er weg. Er vermied alles, was nach endgültigem Abschied aussehen konnte. Sooft er auch versuchte, dich zu sprechen, er traf dich nie alleine an. Irgendein Besuch war immer da. Du mußtest ihm mehrmals versichern, daß du schön brav bist, zumindest bis er in vier Wochen zurückkam. – Am 5. November fuhr er nach Tibet.

In diesen Tagen erzählte dir Papa oft Geschichten, um dich zu trösten. Wenn er wegging, schrieb er auf eine kleine Plastiktafel ein »kleines Geschichten für Belli«, zum Beispiel dieses:

»Warum...?« fragte das kleine Mädchen, »muß *ich* immer der Mutter helfen?« Die Mutter antwortete: »Weil du ein Mädchen bist, und die helfen lieber als die Jungen!« – »Ich helfe aber genauso gerne wie die Jungs und die helfen gar nicht!« Das kleine Mädchen ging entschlossen zum Papa: »Du, Papa, ich helfe wie die Jungs und du und Mama macht alles, bin ich lieb?«

Oder eine andere:

Papa ist mißmutig, weil Mutter nicht da ist. Das kleine Mädchen ist besorgt. »Papa, komm, wir machen es uns gemütlich. Du deckst den Tisch, und ich helfe dir dabei. Dann kannst du schnell zu Kilian gehen, und ich trockne ab. Wenn Mama nach Hause kommt, freut sie sich.« Papa ist einsilbig und geht auf den Balkon und raucht eine Zigarette. Das kleine Mädchen zetert. Vater sieht ein, daß das kleine Mädchen recht hat. Es wird der Tisch gedeckt. Mutter kommt, alle freuen sich und sind in der Verurteilung einig, daß er ein böser »Stinkerer« ist. »Rauchen ist ungesund!« Vater gelobt wieder einmal Besserung.

Am 5. November hatte Vater in Berlin einen Vortrag zu halten. Ich ermunterte ihn, Matthias mitzunehmen und übers Wochenende in Berlin bei seiner Schwester, deiner Tante Friedel und ihrem Mann, zu bleiben. Schließlich hatte Matthias am 8. November Geburtstag. So hatten Vater und er doch etwas Schönes gemeinsam. Sie fuhren mit bangem Herzen, aber es ging gut!

An dem Wochenende hattest du viel Besuch. Am Freitag kam der Bonner Krankenhauspfarrer – Oma und ich waren bei dir – ohne zu fragen quasi hereingeschneit. Er meinte, er habe zwar keine Zeit, aber zu dir wolle er auf alle Fälle kommen! Du fragtest: »Warum?« – Er habe auf der Station gefragt, wer die kränkste Patientin sei. – »Sie meinen, wer als nächster stirbt? Da können Sie hier wohl richtig sein, aber zur Zeit paßt es mir nicht.« – Er kam nicht mehr, um dich zu besuchen.

Am Samstag kamen Siegfried und Ulli noch einmal mit Sascha. Das war eine große Freude für dich. Am Sonntag nachmittag wollte dich Jacob, der Medizinstudent, noch einmal besuchen. Du freutest dich sehr. Deine einzige Furcht war, daß Vater und Matthias zu früh aus Berlin zurück sind. Jacob kam extra aus Aachen. Als er da war, fuhr ich schnell nach Hause, und als ich wiederkam, war er immer noch da. Zum Glück kamen Vater und Matthias etwas später. Sie erzählten, welche Mühe sich Tante Friedel und ihr Mann gegeben hätten, aber so recht habe sie nichts erfreuen können. Sie waren mit den Gedanken immer bei dir.

Dr. Kern hatte Nachtdienst. Er kam am Abend noch einmal zu einer »Gummibärchen-Visite« herein. Du hattest immer etwas zum Anbieten für deine Besucher. Er stand auf Gummibärchen. Und wenn er etwas Muße hatte, dann kam er, setzte sich und aß ein bis zwei Gummibärchen bei dir. Du fragtest ihn, wie das denn mit dem Nachtdienst sei, ob er überhaupt schlafen könne? Er sagte, du könntest ihn ja morgen früh um zwanzig vor acht wecken. Von nun an war morgens dein erster Gedanke: »Ich muß Dr. Kern wecken!« Es entwickelte sich ein herzliches Verhältnis zwischen euch. Dr. Burbi kam dich ebenfalls oft besuchen. Er hatte jetzt zwar eine andere Station, verstand sich aber gut mit Dr. Kern. Oft kamen beide zusammen. Dein kleines Igelchen aus einem Stück Pelz, das Maren dir letzte Weihnachten geschenkt hatte, hattest du schon lange »Burbi« getauft. Später einmal, so hattest du beschlossen, sollte Dr. Burbi den Igel als Andenken bekommen.

Am 8. November hatte Matthias Geburtstag. Dir ging es schon sehr schlecht. Oma wartete zu Hause mit einem Kuchen. Wir durften dich für zwei Stunden im Rollstuhl und mit Krücken nach Hause holen. Das war die einzige Freude für Matthias. Die Treppen trugen dich Matthias und Vater hoch. In Decken gehüllt saßest du mit am Tisch. Was war das für Matthias doch ein trauriger Geburtstag. Und dennoch waren wir alle froh, daß du dabeisein konntest. Am Abend schon ging es wieder zurück ins Krankenhaus. Du hättest auch gar nicht mehr über Nacht zu Hause bleiben wollen, weil du den unmittelbaren Schutz der Ärzte, das Gefühl ihrer sofortigen Präsenz brauchtest. Unheimlich lieb war von dir, daß du mich an diesem Abend nach Hause schicktest. Ich sollte zu Hause schlafen. Vater mußte nachmittags zu einem Vortrag wegfahren, und du wolltest nicht, daß Matthias an seinem Geburtstagabend alleinblieb. Nachdem ich dich für die Nacht fertig gemacht hatte, ging ich mit einem zärtlichen Kuß.

Am nächsten Morgen erwartetest du mich schon sehnsüchtig, denn du fühltest dich schlecht. Schmerzen hattest du überall; bald bekamst du auch Fieber. Kam das Fieber vom Tumor, oder hatte es einen anderen Grund? Es war eine bakterielle Lungenentzündung. Aber du gabst noch nicht auf. An einer Lungenentzündung wolltest du nicht sterben. Du hattest Dr. Töbellius versprochen, keinen Unsinn zu machen. Den Tumor hattest du bisher bekämpft, und eine Lungenentzündung sollte dich besiegen? Du überlebtest auch die!

In diesen Tagen fragte mich einmal Dr. Kern, als wir allein im Arztzimmer waren, wie ich das mache, wie wir das aushielten. Und ich gestand ihm, daß ich mehr als zwanzig Jahre lang – seit dem Tod meiner Mutter – unter einer Art Phobie vor Tumorerkrankungen litt. Jeden Tag tat mir damals etwas anderes weh, und ich traute mich nicht, mit irgend jemandem darüber zu sprechen, auch nicht mit Vater. Es gab so ziemlich keine Situation, die ich mir in meinen Ängsten nicht schon ausgemalt und vorgestellt hatte. Bloß war die Tumorerkrankte in meinen Ängsten immer ich! – Seit einem Jahr, seitdem das Schicksal dich getroffen hatte, verlor ich die Angst. – Nach diesem Gespräch war ich sehr aufgewühlt. Dr. Kern gab mir etwas zur Beruhigung, und ich ging wieder zu dir. Schließlich brauchtest du mich jetzt, heulen konnte ich später.

Der 11. November 1982 war ein besonderer Tag. Ein Jahr zuvor warst du im Bonner Krankenhaus aufgenommen worden. Es war Opas dritter Sterbetag, und es war Sankt Martin. Etwas Schönes mußte man diesem Tag doch abgewinnen. Wir hatten beschlossen, den Schwestern auf der Station zu Sankt Martin eine Freude zu machen. Schließlich war der 11. November, Sankt Martin, und wir hatten ein Jahr länger mit dir gelebt. Vor einem Jahr dachten wir nur in Tagen. Der Martinsmann, den ich backen ließ, war einen Meter hoch. Der alte Bäcker Schulz an der Ecke hatte ihn mir per Hand aus Lebkuchenteig gemacht und so liebevoll mit Mandeln beklebt, daß die Schwestern kaum wagten, ihn zu essen.

Am Nachmittag war Brigitte bei dir. Was wir nicht wußten, war, daß Valerie mit den Kindern aus der Nachbarschaft als Martinssänger dich besuchen kamen. Du warst überwältigt von dieser lieben Geste. Brigitte rief mich gleich an. Durchs Telefon hörte ich die Martinslieder, aber auch dein Schluchzen. Die Erinnerung an eure eigenen Martinsumzüge wurde wach. Es war aber trotzdem eine riesige Freude für dich.

Sibylle Pagenkopf, deine ehemalige Tennistrainerin, kam dich auch noch einmal besuchen. Glanzlichter deiner Tennislaufbahn kamen in Erinnerung. – Auch davon nahmst du gedanklich Abschied.

Lou kam noch einmal mit der ganzen Familie aus Belgien. Wir mußten die Termine für die Besuche schon einteilen, denn deine Zeit und deine Kraft waren begrenzt. Jeder bemühte sich, beim Abschied einen neuen Termin mit dir auszumachen, um das Gefühl der Endgültigkeit des Abschieds nicht im Raum stehenzulassen.

Marie kam in diesen Tagen noch zweimal aus Belgien (sie war im Sommer wieder nach Hause zurückgegangen). Das war jedesmal ein Fest. Das erste Mal konntest du sie noch mit einem selbstgestrickten Schal und einer Mütze beschenken. Deine Freude über die ihre war groß. Am Abend des ersten Besuches, es war noch im Oktober, mußte ich mit Marie zum Tennisbankett gehen. Zusammen hatten wir beide im Sommer noch im Club Turnier gespielt. Das wolltest du so! Nun sollten wir uns auch noch die Trophäe abholen. Zwei Wochen zuvor hattest du mit uns zu Hause noch überlegt, ob du auf das Tennisbankett mitkommen und was du dann anziehen solltest. Es war der gleiche Abend und das gleiche Gespräch, in dem du wissen wolltest, was man als Leichenhemd trägt. – Innerhalb von einer Stunde Ballkleid und Leichenhemd. – Damals verweigerten wir dir die geistige Gefolgschaft. Wir konnten nicht mehr!

Den zweiten Besuch von Marie werde ich nie vergessen. Es war ein Sonntag. Vater, ich, die Jungs und Marie waren bei dir. Du warst so glücklich. Ihr beiden Mädchen verstandet euch gut. Du erzähltest von Jacob und deiner neu entdeckten Freude am Flirt. Ihr beide machtet Pläne. Falls du nicht sterben solltest, würdet ihr eine Reise mit einem Luxusliner machen und euch beide amüsieren. »Nicht wahr, Marie, dann machen wir die Männer an!?« war dein Ausspruch. Wir lachten alle herzlich.

Es klopfte. Dr. Petri und Dr. Kern kamen herein. Sie hatten zwar beide keinen Dienst, wollten dich aber trotzdem besuchen. Sie waren etwas irritiert, weil wir so lachten. »Doctores, kommen Sie bitte rein! Sie sind zwar im Zimmer einer schwerkranken Patientin, aber wir haben trotzdem unseren Spaß. Darf ich Ihnen einen Keks anbieten?« Sie erholten sich schnell von der Überraschung und schwatzten fröhlich mit uns.

Inzwischen kamst du mit der Regulierung des Dipidolor so gut zurecht, daß deine Schmerzen in einem erträglichen Rahmen gehalten wurden. An Therapie lief nur noch die Bestrahlung des Knies.

Du erzähltest immer öfter von Töbi. Deine Gedanken kreisten um ihn, obwohl er weit weg im fernen Tibet war. Du sprachst immer häufiger davon, daß du dir einen solchen Mann im Leben gewünscht hättest. Nur ein Problem würde es mit ihm geben: Er hätte auf seine Hochgebirgstouren verzichten müssen, denn die könntest du auch im Falle deiner Gesundung nicht mitmachen. – »Liebe Belli«, war meine Antwort, »das darfst du nicht machen. Entweder gehst du mit, oder du läßt ihn alleine ziehen.« – »Na gut, Mama, dann komm' ich eben in dieser Zeit immer zu euch!« war deine Antwort.

Du fingst an, gezielt Abschied zu nehmen. Jan rief aus Kanada an und bat dich durchzuhalten, zumindest bis er kommt. Töbi hattest du auch versprochen, mit dem Sterben zu warten. Das war das einzige, was dich noch hielt. Aber beide kamen erst Anfang Dezember. Ob du es bis dahin noch schafftest? Und wenn es dir gelang, warum solltest du es dann nicht auch bis Weihnachten schaffen? Und im Januar, gleich nach Weihnachten, zu sterben, wäre auch traurig – und schon warst du mit deinen Hoffnungen im nächsten Jahr!

Seit dem 8. Oktober 1982 schriebst du in dein Tagebuch stunden-, manchmal nächtelang. Du fragtest mich immer, ob es mich stört? Nein, ich war froh, denn ich wußte um den Ernst deiner Gedanken. Du sagtest mir auch, daß dieses Tagebuch für uns sei. Am 12. November sprachst du von deinem großen Wunsch, Töbi einen Brief zu schreiben. Warum solltest du es nicht tun? »Ja, Mama, aber ich liebe ihn. Wenn ich nicht sterbe, würde ich ihn gerne heiraten.« – »Warum nicht? Mir hat er vor seiner Reise gesagt, daß er dich auch sehr gern hat.« – »Aber er muß noch warten, bis ich fünfundzwanzig bin. Erst muß ich noch studieren!« In der folgenden Nacht fingst du an, den Brief an ihn zu schreiben.

Mitten in der Nacht fragtest du mich: »Mama, wenn Gott aber ein Wunder an mir geschehen läßt und ich wieder gesund werde und fünfundzwanzig Jahre alt bin, *muß* ich Töbi dann heiraten? Auch wenn ich es mir anders überlegt habe?« – »Liebe Belli, darum mach dir jetzt keine Gedanken. So, wie ich Töbi kenne, hat er ein großes Herz und auch dafür Verständnis!«

Am nächsten Tag wolltest du mit Matthias sprechen. Du wußtest, für ihn wird es sehr schwer. Vierzehn Jahre seines Lebens ist er immer in deinem Kielwasser geschwommen. Ihr wart ja nur achtzehn Monate auseinander. Du zeigtest ihm immer den Weg. Zuerst war es der Kindergarten, in den er dir folgte, dann die Grundschule, zum Schluß das Gymnasium. Auch zum Tennisspielen und Joggen hast du ihn animiert. Wie wird sein Leben weitergehen ohne dich? Wird er seinen Weg allein finden? Er sprach mit dir über den Tod und das Leben danach, so sagtest du es mir jedenfalls hinterher.

Ich ließ dich bei diesen persönlichen Abschiedsgesprächen immer alleine, obwohl ich gerne bei euch gewesen wäre. Ihr hattet beide *Die Brüder Löwenherz* von Astrid Lindgren gelesen. In dieser bezaubernden Vorstellung konntet ihr eure Gedanken austauschen. Was war ich froh, dieses Buch mit euch gemeinsam gelesen zu haben, in einer Zeit, als keiner an Krankheit und Tod dachte. Auch das viele Vorlesen und Selbstlesen trug Früchte. In diesen Tagen fing ich noch an, dir und den Jungs, wann immer sie bei dir waren, die *Unendliche Geschichte* von Michael Ende vorzulesen. Der Zauber der »Kindlichen Kaiserin« verband sich mit dir.

Abends telefoniertest du mit Frau Dr. P. Es war ein zutiefst inniges Gespräch. Ihr ging es auch schlecht, und sie mußte mit dem Schlimmsten rechnen. Ihr beide traft eine Verabredung im Paradies.

Nachts wolltest du von mir wissen, wie meine Eltern gestorben sind und wie du sie findest. Ich sagte dir, daß meine Eltern und Opa an der Pforte stehen und auf dich warten. Wir weinten bei diesen Gesprächen nicht und waren ganz ruhig.

Einige deiner Freunde wolltest du unbedingt noch sehen. Wir spürten, es waren die letzten Tage. Doris und Maren, Johannes und Dorothea wolltest du noch sprechen. Am Samstag kam Doris aus Oberursel.

17.11.1982

Liebe Belli,
es war sehr, sehr schön, daß wir uns am Samstag gesehen haben. Leider klappte es am Sonntag nicht.

Ich denke noch oft an unser Gespräch. Du hattest mich gefragt, ob es mich belasten würde. Es war genau das Gegenteil. Ich bin froh über das, was Du gesagt hast, und war auch wirklich beeindruckt von Deinem Glauben. Ich sah zum erstenmal, wie sehr, sehr gut der Glauben einen Menschen trägt. Das finde ich schön. Genauso klasse ist es, daß Du wirklich glücklich bist. So etwas haben gewiß nur wenige Menschen, und das noch dazu in dieser Lage.

Liebe Belli, ich wünsche Dir, daß Du die Lungenentzündung überstehst und dann wieder ganz gesund wirst, denn bei Gott ist gar nichts unmöglich. Aber vor allen Dingen wünsche ich Dir, daß Du richtig glücklich bist und dieses Gottvertrauen immer beibehälst.

Alle lieben Grüße,

Deine Doris

Grüße bitte Deine Familie ganz herzlich von mir. Auch meine Mutter wünscht Dir alles Liebe.

Mir fällt noch ein Bibelvers und ein kleiner Spruch ein:

»Gepriesen sei Gott, der Vater unseres Herrn Jesus Christus, der uns in Christus mit allem geistlichen, himmlischen Segen gesegnet hat.« (Epheser 1,3)

Ich bat Gott um alle Dinge,
damit ich das Leben genießen könne.
Er aber gab mir das Leben,
damit ich alle Dinge genießen könne.

Johannes kam dich auch besuchen. Von diesen Gesprächen weiß ich nicht viel, nur, daß sie dir wichtig waren. Maren konnte aus gesundheitlichen Gründen am Sonntag nicht kommen. Aber Hans-Jürgen kam und brachte einen Strauß roter Rosen.

In der Nacht von Sonntag auf Montag blieb Vater bei dir. Mit ihm wolltest du unbedingt sprechen. Ein paar Tage zuvor hattest du mit mir gesprochen, wie es in der Familie nach deinem Tode weitergehen sollte! Ich erzählte dir von meinen Befürchtungen, daß die Jungs es schwer haben werden beim Vater. (Das ist das einzige, was mir heute noch leid tut, daß ich diese Sorge in dein Herz trug. Das war wirklich nicht nötig.)

Als ich am Montag früh kam, hattet ihr beide nicht viel geschlafen. An diesem Tag sollte noch einmal eine Aufnahme von der Lunge gemacht werden, um zu sehen, ob die letzte Therapie etwas gebracht hatte. Die Zeit bis dahin wolltest du nutzen. Zuerst diktiertest du mir auf einen Zettel, wer alles was bekommen soll. Dann folgte eine lange Eintragung in dein Tagebuch. Mein Gott, was bekam ich da alles zu hören! Die Formulierungen und deine Stimme waren aber so bestimmend, daß ich nicht wagte zu widersprechen und brav schrieb.

Um elf Uhr war alles zum Röntgen vorbereitet. Du hingst seit einigen Tagen nur noch am Sauerstoff. Um dir keine zusätzlichen Schmerzen zu bereiten, wollte man dich mit dem Bett zum Röntgen fahren. Von der Sauerstoffzufuhr mußte man dich für diese Zeit abkoppeln. Fünfzehn Minuten würdest du ohne Sauerstoff auskommen, hatte man ausgerechnet. Alles war vorbereitet. Die Türen im Flur waren geöffnet, der Aufzug stand fahrbereit und war auf »Katastrophenfahrt« gestellt, in der Röntgenabteilung wartete man. Nach fünfzehn Minuten waren wir wieder auf dem Stationszimmer am Sauerstoff. Nun mußten wir noch auf das Ergebnis warten. In dieser Zeit diktiertest du mir die verschiedensten Abschiedsbriefe.

Ein paar Tage zuvor hattest du mit Dr. Kern ein längeres Gespräch gehabt. Ich war dabei. Du fragtest ihn, welche Möglichkeiten du jetzt noch hättest. Er sagte, es komme darauf an. »Wenn die Untersuchungen zeigen, daß die letzte Platinex-Therapie etwas gebracht hat, dann therapiert man weiter!« – »Ja, und wenn sie nichts gebracht hat und der Tumor weiter wächst, dann haben wir keine Chance?« – »Ja!«

An dem Abend sahst du alles viel klarer, du warst beinahe befreit, und stundenweise warst du euphorisch. Daß dein weiteres Schicksal vom Ergebnis der Röntgenaufnahmen abhing, war dir bekannt. Die Ärzte und ich wußten bald vom Ausbruch der Metastasen in der Lunge. Aber du fragtest nicht nach dem Ergebnis. Es waren noch so viele Dinge zu besprechen und deiner Meinung nach zu ordnen. Für einige Minuten ging ich auf den Flur, angeblich, um etwas aus der Küche zu holen, und besprach mich mit Dr. Petri und Dr. Kern. Die Oberärztin kam auch dazu. Ob man Dr. Töbellius informieren sollte?... Hatte Isabell schon nach dem Ergebnis gefragt?... Gefragt hatte sie noch nicht. Und mit Dr. Töbellius wußte ich keine Antwort. Ich fragte die Ärzte: »Er hat doch für alle Fälle Anweisungen gegeben?« – »Ja!« – »Hat er auch für den Fall ihres Sterbens vor seiner Rückkehr gesagt, daß man ihn informieren soll?« – »Dazu hat er uns nichts gesagt.« – »Dann lassen Sie ihm bitte seinen Urlaub. Er braucht seine Kraft für die anderen Patienten.« – Ich ging wieder zu dir.

Du ordnetest weiter deine Papiere. Gegen vierzehn Uhr kam Dr. Kern zu dir. »Haben Sie das Ergebnis vom Thorax?« fragtest du ihn. »Ja!« – »Wie ist das Ergebnis?« – »Schlecht. Die Metastasen haben sich vermehrt!« – »Dann bin ich also auch gegen die Platinex-Therapie resistent?« – »Ja!« – »Ich möchte nicht mehr therapiert werden. Wenn Gott wirklich ein Wunder an mir geschehen lassen will, dann braucht er keine Chemotherapie. Ich lege mein Schicksal in Gottes Hand! Ich möchte mit meinen Eltern noch sprechen.«

Vater hatte ich zwischenzeitlich informiert. Er war schon unterwegs. Mit Dr. Kern bespracht du noch die Einzelheiten. Du wolltest in Würde sterben, ohne über die Lunge zu ersticken, und, wenn es geht, ohne Schmerzen, damit deine Familie nicht so sehr leiden muß. Man versprach dir Hilfe gegen die Schmerzen und daß du ruhig einschlafen wirst. Wie lange wird es wohl dauern? Das konnte dir keiner sagen. Wenn du aufhörst zu kämpfen, wird der Tumor wahrscheinlich sehr schnell gewinnen.

Vater war inzwischen da. Dr. Kern informierte Vater über die Fakten, und du batest Dr. Kern, uns allein zu lassen. Dein Entschluß stand eindeutig fest: Du wolltest keine neue Therapie. Du hattest das Heft fest in der Hand. Einen Spielraum zum Abwägen, zum nochmaligen Überlegen oder gar zur Diskussion gab es nicht. Es war dein Leben, über das nur noch Gott entschied.

Du batest uns, kraftvoll zusammenzustehen..., als Familie nicht zu zerbrechen..., die Söhne zu lieben, so wie wir dich lieben..., und für Oma zu sorgen. Matthias, Christian und Oma hatten wir inzwischen auch gerufen. Christian kam direkt aus dem Geschäft. Auf dem Flur informierte ich ihn. Die Ärzte und Schwestern standen vor der Tür, keiner wagte, etwas zu fragen.

Für Christian kam die Entwicklung zu schnell, er konnte und wollte das Schicksal so nicht hinnehmen. Er bat die Ärzte und Schwestern, dir doch Mut zu machen und eine neue Therapie zu beginnen. Das zerriß mir das Herz. Ich wurde sehr streng und sagte: »Ich lasse niemanden in Isabells Zimmer, der ihre Entscheidung nicht respektiert!« Christian nahm sich zusammen. Als du mit ihm sprachst, war er ruhig. Du batest ihn, sich dem Schicksal zu fügen. Zu ihm gewandt sagtest du: »Ich weiß, daß eine schwere Zeit vor dir liegt. Nächste Woche hast du deine Prüfung. Ich hätte gerne so lange noch durchgehalten, aber es geht nicht. Geh trotzdem zur Prüfung, und versuch, sie zu bestehen. Ich helf' dir dabei. Ich sitze auf deiner Schulter und sage dir vor. Uns erwischt keiner beim Schummeln!«

Und zu Matthias sagtest du: »Matthis, wenn du irgendwie kannst, erzähl in der Schule, wie ich gestorben bin. Vielleicht machen die auch einen Schulgottesdienst für mich. Ich wäre so stolz auf dich, wenn du dabei von meiner letzten Stunde erzählst.«

Danach fragtest du, wieviel Uhr es ist. Es war halb sieben abends. Du holtest den Brief an Töbi heraus, schriebst noch etwas dazu. Dann klebtest du ihn zu und batest uns, diesen Brief und ein Bild mit einer Rose, das du gemalt hast, Dr. Töbellius zu geben. »Vater und Mutter, geht jetzt bitte und holt die Ärzte, sie möchten anfangen.«

Alle standen sie draußen. Dr. Petri und Dr. Kern hatten alle Vorbereitungen zum Sedieren getroffen. – Das war also der kleine Kasten auf Rädern, den wir in Köln ab und zu gesehen hatten. Als erstes fragtest du: »Herr Dr. Petri, werde ich eines natürlichen Todes sterben?« – »Ja, diese Beruhigungsmittel versetzen dich nur in einen Tiefschlaf.« – »Werde ich noch einmal aufwachen?« – »Nein, wenn du nicht willst, wirst du schlafen, bis der Tod dich erlöst.« – »Werde ich Schmerzen haben?« – »Soweit wir Ärzte es wissen, nein!« Du wußtest, daß du ersticken würdest, und wolltest nicht, daß dieses qualvolle Ende bei Bewußtsein durchgestanden werden mußte. – »Bitte, Herr Dr. Petri, dann fangen Sie an.« – Dr. Petri stellte den Tropf ein, hielt mit seiner linken Hand deine Linke, mit der rechten fühlte er den Puls. Während dieser ganzen Zeit warst du ruhig – beinahe heiter –, als wärst du von einer großen Last befreit. Du sprachst die nächsten fünfundvierzig Minuten – bis zum letzten Moment – völlig klar mit uns.

»Ich wollte Dr. Töbellius so gerne noch einmal sehen. Er hat immer so niedlich gelacht. Ich war so anmaßend und hatte sein ganzes Leben schon verplant. Ich nannte ihn Töbi. Ob ich das wohl durfte? Aber schließlich ist er ja nicht irgendein Töbi – er ist *mein* Töbi!«

»Herr Dr. Petri, warum haben eigentlich so viele Menschen Angst vor dem Sterben?« Bevor er antworten konnte, gabst du die Antwort selbst. »Nicht jeder hat eine so großartige Familie, so liebe Ärzte und eine so gute Erziehung genossen wie ich!«

»Matthias, reiß die Mauern ein! Und wenn du die Mauer nicht gleich einreißen kannst, dann hau ein Loch in die Mauer und versuch es zu erweitern!«

»Christian, paß auf dich auf. Und wenn du dein erstes Rendezvous hast, dann sitze ich auf deiner Schulter und flüstere dir ins Ohr, was du sagen und tun sollst!«

»Papa, sei stolz auf deine Söhne!«

»Mama, du warst meine beste Freundin!«

»Ihr vier werdet jetzt ein sehr schönes Leben haben, dafür werde ich schon sorgen. Und wenn es einmal Probleme geben sollte, na, dann flirte ich eben ein bißchen mit dem lieben Gott!«

Dr. Petri fragte dich: »Soll ich den Zustand anhalten? Du bist nur wie in einer Narkose. Wenn du willst, kann ich dich daraus zurückholen!« – »Wenn ich hü sage, dann sage ich nicht hott! Ich gehe jetzt glücklich in mein Paradies. Ich werde leicht und durchsichtig, aber ich kann euch sehen.«

»Papa, um zweiundzwanzig Uhr haben wir eine Verabredung, denk daran.« (Papa wollte immer um zweiundzwanzig Uhr auf einen bestimmten Stern am Himmel schauen und in Gedanken dich dort treffen.)

»Mama, wann wollen wir immer miteinander sprechen?« – »Um sieben Uhr morgens.« – »Sagen wir lieber um sechs, dann joggst du wenigstens!«

»Christian, und du?« – »Um neunzehn Uhr, wenn ich nach Hause komme!«

»Und Matthias, du?« – »Ich denke immer an dich.«

»Und Sie, Herr Dr. Petri?« – »Um halb sieben, wenn ich aufstehe!«

»Herr Dr. Kern?« – »Na, das ist doch klar, um zwanzig vor acht!«

»Und Schwester Ulrike?« – »Um halb sieben, wenn ich auf die Station komme!«

»Sagt Maren, das Sterben ist nicht schwer. Sie soll zum Sterben ins Bonner Krankenhaus kommen. Sie wird auch bald sterben. Es tut mir leid, daß ich sie nicht noch einmal sehen konnte, aber meine Kräfte reichen nicht aus.«

»Sagt Dorothea, sie soll sich keine Vorwürfe machen, daß sie am Samstag nicht gekommen ist. Ich hab' den Besuch von Johannes sehr genossen.«

»Sagt Siegfried und Ulli, ich war über mein Patenkind noch sehr glücklich. Und sie sollen noch mehr Kinder bekommen und auch eine intakte, glückliche Familie werden.«

»Ich hätte so gerne noch Jan und Töbi gesehen. Ich habe Jan doch lieber, als ich dachte.«

»Ich bin müde und glücklich. Ich würde viel lieber bei euch bleiben. Ich werde Opa treffen. Mama, erkennen mich deine Eltern, sie haben mich doch nie gesehen? Ich werde immer bei euch sein, auch wenn ihr mich nicht mehr seht. Besonders dann, wenn ihr Feste feiert und glücklich seid.«

Deine Aussprache wurde undeutlicher. Ich fragte dich, ob du das »Vater unser« mit uns beten willst. Diese vorformulierten, oft gesprochenen Sätze waren die letzten, die über deine Lippen kamen.

Deine Familie scharte sich um dich. Die Ärzte und Schwestern ließen uns mit dir allein. Es war eine heilige Stille. Wir waren getröstet in dem Gedanken, daß du keine Schmerzen mehr verspürtest. Dein Atem ging mit dem Sauerstoff leicht.

Die Oberärztin riet mir, mit den Jungs nach Hause zu fahren. Die Bewußtlosigkeit könne noch einige Tage dauern. Ich hörte auf ihren Rat. Paul und Hatty kamen und holten Matthias, Christian und Oma ab. Beide versuchten zu Hause, die Jungs zu trösten. Siegfried kam noch in der Nacht aus Mannheim. Vater und ich waren mit dir alleine. Wir sprachen kaum, waren aber selten so eng verbunden. Nach ein paar Stunden schickte Vater auch mich nach Hause zum Schlafen, und er wachte bei dir zusammen mit Schwester Ulrike. Vater und du, ihr habt euch mit Sicherheit noch viel in euren Gedanken erzählt.

Auch du warst in diesen Stunden sehr eng mit anderen Menschen verbunden. Ines schrieb einen Brief an dich, ohne von deinem Zustand zu wissen.

16. 11. 1982

Meine liebe Isabell, liebes Mädchen,
ich denke an Dich, sehr, sehr oft, ich will Dir dies nur sagen. Wenn ich Dir helfen könnte, ich würde mein bißchen überschüssige Kraft hergeben. Aber ich weiß, daß Du selbst Kraft, innere Kraft und Mut hast, daß Du Deine schwere Krankheit vorbildlich trägst. Die Zuneigung Deiner Familie, Deiner Freunde, wird Dir dabei helfen, aber ich weiß, daß das Wichtigste bei Dir selbst liegt. Ich weiß, daß Du es schaffst, mit Deinem Schicksal fertig zu werden, es anzunehmen.

Ich will für Dich beten.

Ich umhülle Dich mit meinen Gedanken ganz sanft.

Deine Ines

Auch Töbi gedachte deiner im fernen Tibet und schrieb dir eine Postkarte mit Datum vom 15. November, dem Tag, an dem du bewußt von uns Abschied nahmst. Die Karte erreichte uns einen Tag vor der Beerdigung. Auf der Vorderseite der Karte war ein

Junge neben einem indischen Elefanten abgebildet. Den Text kann ich nur aus der Erinnerung wiedergeben, denn die Karte haben wir dir unter den Blumenschmuck gesteckt. Den letzten Teil des Satzes weiß ich noch genau: »... na, dann werde ich halt Elefantenführer.« Dr. Töbellius brachte auch die Hoffnung zum Ausdruck, daß du keine Dummheiten machst.

Am nächsten Morgen kamen Matthias und ich und wachten über deinen tiefen Schlaf. Vater konnte für ein paar Stunden nach Hause gehen und sich ausruhen.

Am nächsten Abend waren wir wieder alle zusammen. Die Abendsonne ging unter. Wir sahen auf das Siebengebirge und auf die Lichter vom Rhein. Ich nahm dein Tagebuch in die Hände und begann vorzulesen.

8.10.1982

Ich bin ziemlich traurig. Ich weiß nicht warum. Wahrscheinlich, weil ich hier alleine im dummen Kölner Krankenhaus bin und mir mein Ohr weh tut. Langsam stinkt es mir hier auch. Jetzt bin ich hier schon fast drei Wochen. Jacob hat auch nicht angerufen. Zwar hat er zu Hause angerufen, aber hier nicht. Ich hätte mich sehr gefreut, wenn er angerufen hätte. Im geheimen hatte ich auch gehofft, daß er vorbeikommen würde, aber diese Hoffnung war unbegründet.

Ich habe wirklich tolle Eltern. Sie waren heute abend eingeladen, und ich habe jetzt dort angerufen, und sofort kommt Papa. Ich bin froh, daß er kommt. Ich hätte es am Telefon nicht erbeten, aber daß er von alleine kommt, ist schon schön.

Immer wenn ich an mein rechtes Ohr denke, dann tut es mir weh. Ich darf also nicht daran denken.

Ich glaube, ich könnte mich mit Ingund ganz gut anfreunden. Wenn sie da ist, ist die Stimmung immer lustig. Mein dummer rechter Arm tut mir weh. Hoffentlich wird er wieder mal richtig gesund. Sonst kann ich nicht mehr Tennis spielen!

Isabell

16.10.1982

Claudia ist tot. Bitte, lieber Gott, nimm sie gnädig auf und entlohne sie für ihre Kraft und ihren Mut. Ich selber habe es am Montag von Michael erfahren. Ich konnte es am Anfang gar nicht glauben. Claudia war für mich immer ein Patient, der dieser Krankheit Trotz bietet und sie besiegt hat. Noch im Juni hatte ich mir gewünscht, mal so weit zu sein wie sie. Wer konnte da ahnen, daß diese mutausströmende, junge Frau so schnell sterben würde. Claudia hat mir sehr viel Mut gegeben, als ich keinen mehr hatte und selber auf einem dünnen Faden lief. Sie war für mich ein Vorbild in ihrer Duldsamkeit und Zielstrebigkeit. Im nachhinein erfahre ich zwar, daß das nicht am Anfang so war, sondern ganz anders, also nur am Ende und damit schon zu spät. Aber Claudia ist bestimmt nicht umsonst gestorben. Ich zumindest hoffe, aus ihren Fehlern gelernt zu haben, werde versuchen, weniger unduldsam zu sein, mehr den Ratschlägen der Ärzte zu folgen. Ich habe den wenn auch zweifelhaften Vorteil, Schmerzen zu haben, immer wenn der Tumor wächst. Wenigstens ist sie ohne Qualen gestorben in vier Tagen. Sie hatte nie Schmerzen und hat deshalb auch so oft die Pausen verlängert, Therapien abgebrochen. Hoffentlich lerne ich aus ihren Fehlern!

Ich merke immer, wenn die Schmerzen und damit der Tumor wiederkommen. Es ist zwar sehr zermürbend – wie gestern Nacht das Knie –, aber eine gut funktionierende Warnglocke. Eigentlich sollte ich darüber dankbar sein, aber es ist so schwer, für etwas dankbar zu sein, was einen subjektiv quält.

Ich hatte die letzten Tage wieder vermehrt Schmerzen und war deshalb sehr deprimiert, weil ich gehofft hatte, daß mit diesem Erfolg auch die Schmerzfreiheit länger andauern würde. Erst sollte ich wieder in Köln therapiert werden, nun werde ich aber in Bonn therapiert. Ich bin so froh darüber. Nach Köln wäre ich jetzt nicht gerne zurückgegangen.

Dr. Töbellius war heute bei uns zu Hause, um noch einmal alles durchzusprechen, und es wird alles gut klappen ...

Jan hat heute um elf Uhr fast fünfzehn Minuten lang [aus Kanada] angerufen. Ich habe mich sehr gefreut.

Isabell

18.10.1982

Der Tag lief bis jetzt nicht so gut ab. Ich habe große Schmerzen im Knie, muß daher also viel Schmerzmittel nehmen und bin deshalb etwas weggetreten. Ich habe dann ganz oft gruselige Szenen im Kopf gesehen: Wie ein Mädchen sich aus Spaß ganz tief in eine Schlucht fallenläßt und unten von einem Jungen aufgefangen wird. Oder eine Wand kommt auf mich zugerollt und biegt kurz vorher ab. Das alles erlebe ich sehr plastisch, deshalb fühle ich mich auch etwas bedroht.

Vorhin und auch jetzt noch ein wenig war ich so mutlos. Ich hatte Angst vor der Therapie. In solchen Momenten finde ich mich dann meistens auch häßlich und sehe überhaupt alles wie durch einen Grauschleier.

Gestern abend habe ich mich schön gefunden und war auch sehr ruhig, aber gegen die Nacht verschwand meine Ruhe, und ich wollte am liebsten wegrennen.

Diese dummen Schmerzmittel. Ich bin ziemlich groggy. Das Schreiben fällt mir schwer, aber die Schmerzen sind endlich besser und nur noch im Knie.

Ich hoffe, daß da bald mal etwas gefunden und dann behandelt wird. Die permanenten Schmerzen sind ziemlich aufreibend.

Abends: Der erste Tag hier im Bonner Krankenhaus war nicht so gut. Ich hatte die Atmosphäre anders in Erinnerung behalten. Die Schwestern haben fast alle gewechselt, und Dr. Kern ist heute gar nicht gekommen.

Ich glaube, ich werde mich hier viel selber beschäftigen müssen. Die ganze Zeit überlege ich mir auch schon, was ich mir nettes zu Weihnachten für so viele ausdenken kann. Mutti kann ich ja vielleicht etwas sticken.

Isabell

19.10.1982

Diese Nacht habe ich nicht allzugut geschlafen.
Ich brauchte zwar nur eine Fortral, aber ich bin fast stündlich aufgewacht. Mein Knie behindert mich furchtbar. Wenn das nicht bald besser wird, gehe ich daran noch kaputt. Ich fühle mich wie ein halbgelähmter Mensch. Ich ärgere mich dann auch, wenn die Schwestern einem immer bei dummen Sachen helfen, bei schweren aber gar nicht!

Hoffentlich ist das Knie bis Therapieanfang besser. Davor habe ich nämlich Angst, mit Tropf und Krücken.

Meine liebe Mami, hoffentlich kommt sie bald!

Der Tag hat sich ziemlich zum Guten geändert. Mutti hat mich angezogen und mit mir gefrühstückt, dann bin ich mit Brigitte zum Ultraschall, danach kam Mrs. Martin, was sehr lustig und schön war. Zusammen kamen dann Inge und Frau Keller. Ich mußte dann aber auch sehr schnell runter zum Röntgen. Sie waren sehr vorsichtig und haben alles im Bett gemacht. Das war unheimlich rücksichtsvoll.

Ich habe endlich auch ein Geschenk für Matthias. Hatty hat mich auf die Idee gebracht. Ich schenke ihm etwas von Nike. Den ganzen Rest muß ich mir noch ausdenken.

Isabell

20.10.1982

Meine Eltern und Töbellius denken, daß ich bald sterben werde, weil ich diese harte Behandlung nicht mehr lange aushalte und das Knie so schlimm ist. Ich möchte aber nicht sterben. Ich fühle mich auch gar nicht danach. Ich finde schon, daß ich sehr schwach geworden bin, aber ich will nicht sterben. Es hängt jetzt auch von mir ab, wie lange noch therapiert wird. Ich will aber noch nicht aufgeben. Ich kann mir einfach nicht vorstellen, wie es sein könnte, wenn man nicht mehr lebt. Nein, ich darf einfach nicht sterben. Meine Eltern sind unheimlich besorgt und ängstlich. Mutti hat heute morgen beim Baden so geredet, als ob ich es nicht schaffen könnte, und seitdem zittere ich. Ich weiß nicht warum.

Nicht aus Angst. Meine linke, hintere Lungenspitze tut auch wieder nett weh. Ich will nicht sterben. Ich stelle es mir einfach zu grausam vor, jeden Tag zu wissen, jetzt kommt dein Tod.

Ich muß es nur richtig wollen. Heute nachmittag

das erste Mal. Dann bekomme ich den Katheter gelegt. Am Freitag fängt die Therapie an.

Es gibt nur noch drei Lösungen für mich: Entweder die Bestrahlungen lassen die Schmerzen verschwinden; die Therapie hilft endlich; oder ich werde gar nicht mehr therapiert und dann wahrscheinlich sterben.

Mit Frau Bell habe ich gerade darüber gesprochen. Ich sagte ihr, daß ich mir Sorgen um meine Eltern und Brüder mache, weil sie mich jeden Tag weniger lebend sehen.

Manchmal, wie gerade eben, durchfluten mich dann aber ganze Wellen von Zuversicht, und ich bin mir so sicher, daß ich es schaffen kann. Frau Bell sprach mit mir über Gott, daß er so viel Macht hat und wir Vertrauen zu ihm haben sollten. Vielleicht stimmt es, was Frau Bell gesagt hat. Falls ich wirklich sterben sollte, daß dieses Gefühl beglückend ist und das Geschehnis auch für meine Familie gut zu vertragen ist.

Ich hatte mir ja meine Mauer auf Ende Dezember gesetzt. Ich glaube, jetzt werde ich wirklich zeigen müssen, wie sehr ich noch leben will. Es gibt noch so viele Sachen, die ich geplant habe. Ich kann mir einfach nicht vorstellen, daß sie sich nicht mehr verwirklichen sollen. Der Tod scheint in dieser Krankheit sehr schleichend, aber dann ganz schnell zu kommen. Claudia ist ja auch »plötzlich« gebrochen, und ich habe noch vor zwei Monaten in Aussicht gestellt bekommen, wieder ganz gesund zu werden. Und jetzt sieht die Sache schon anders aus.

Mrs. Martin rief gerade an, und ich habe am Telefon geweint. Jetzt will sie sofort vorbeikommen. Das finde ich sehr nett. Hoffentlich klappt die Verständigung einigermaßen. Es ist so schwer, über schwere Themen ohne genügend Wortschatz zu sprechen.

Isabell

21.10.1982

Sie sagen, ich bräuchte nicht lange zu leiden, falls die Therapie nicht wirkt. Ich bin entsetzt. Ich möchte nämlich nicht sterben. Ich kann es mir nicht vorstellen, und dabei ist der Tod nur einen Schritt weiter.

Meine Schmerzen sind sehr schlimm. Selbst wenn ich nicht mehr kämpfen wollte, würden die Schmerzen nicht weggehen, bis der erlösende Tod kommt, den ich nicht will. Was bleibt mir also anderes übrig, als zu kämpfen? Es kann nur besser werden. Ich kann mir gar nicht vorstellen, wie es sein wird, wenn ich weiß, daß ich sterbe und mich jetzt von all meinen Lieben verabschieden sollte. Ich will einfach noch nicht sterben. Bitte, lieber Gott, gib mir Kraft, damit ich es schaffe. Die nächsten zehn Tage werden unheimlich schwer werden, aber ich muß es einfach schaffen. Ich muß!

Mein ganzes rechtes Bein tut mir so weh, und keiner kann was dagegen tun. Ich habe wahnsinnige Schmerzen im Bein. Das Knie ist so dick, und es wird vielleicht noch einmal punktiert werden müssen. Heute, als ich mit Dr. Kern gesprochen habe, habe ich erfahren, daß nur die Therapie das Knie entwässern kann. Ich bin noch unheimlich dösig, weil ich vorhin Fortral gespritzt bekommen habe.

Isabell

22.10.1982

Gestern war der Nachmittag sehr unangenehm. Durch ein schmerzsenkendes Mittel war ich den ganzen Nachmittag über absolut abwesend. Ich konnte mich nicht mehr richtig bewegen, sprechen und die Augen aufmachen. Ich hatte es dann zum Glück geschafft, daß die Medizin abgesetzt wird, mit dem Erfolg, daß es abends wieder besser ging.

Gefühlsmäßig schlittere ich von Höhen in Tiefen. Im Moment ist meine Stimmung wieder ganz gut, weil mein Knie nicht so doll weh tut und ich die Nacht akzeptabel verbracht habe. Die Bestrahlungen scheinen auch zu wirken. Ich glaube, daß ich die zehn Tage schaffen werde!

Mir geht es wieder ganz gut. Ich habe auch wunderschöne Nachrichten von Jan bekommen. Er trägt in Kanada jetzt immer eine Baskenmütze, weil er mir damit ähnlich sehen will. Er hat Theresa gesagt, daß er mich sehr mögen würde, obwohl ich im Sommer ganz andere Vermutungen hatte. Er möchte mich gerne wiedersehen. Wahrscheinlich kommen sie Anfang Dezember.

Isabell

23.10.1982

Die Schmerzen sind wieder schlimmer, vor allem im Steiß. Ich habe eine so große Angst zu sterben, weil eigentlich keine Besserung eintritt. Ich merke immer deutlicher, was es heißt, schwerstkrank zu sein. Auch stimmt mich der Gedanke so traurig, daß ich manche lieben Leute nie mehr wiedersehen werde. Denn wenn ich sterbe, dann bestimmt noch vor Weihnachten. Gestern war ich noch so zuversichtlich, und heute morgen kann ich mir kaum noch ein erträgliches Morgen vorstellen. Selbst der Tod käme schmerzhaft. Ich will aber noch nicht sterben. Es gibt noch so viele Sachen, die ich machen möchte. Jan möchte ich wiedersehen und Theresa und Weihnachten im Schwarzwald feiern. Ich will einfach noch nicht sterben.

Aber wenn mir diese Therapie keine Verbesserung der Lage bringt, dann, glaube ich, werde ich nicht mehr die Kraft haben, gegen die Schmerzen anzukämpfen. Dann werde ich wohl so langsam dahinvegetieren müssen, mit Schmerzmitteln vollgepumpt.

Wenn wenigstens der Weg bis zum Tod noch einmal eine angenehme Zeit ohne Schmerzen sein könnte, die ich noch so richtig mit allen meinen Lieben genießen könnte, wäre es einfacher aufzuhören. Aber so weiß ich, daß der Tod meine Schmerzenslage nur verschlimmert, und damit quäle ich mich dann von Therapie zu Therapie, in der Hoffnung, daß es doch noch mal besser wird, bis ich ebenso tot bin.

Die Schmerzwelle ist wieder vorbei, und jetzt fühle ich mich auch wieder einigermaßen passabel. Mit Mutti habe ich vorhin unheimlich gut reden können, während Papa mir unheimlich nervös vorkommt.

Gleich kommt Marie. Ich komme mir wirklich vor wie in der Achterbahn. Augenblicklich fühle ich mich wieder fast ganz wohl, habe gegessen, und mir ist nicht schlecht.

Ich danke dir, lieber Gott, daß du meine Gefühle verbessert hast. Heute vormittag hatte ich so große Todesangst. Marie hat sich sehr über den Schal gefreut. Sie war, glaube ich, auch sehr gerührt; beide waren wir etwas beklemmt.

Ich habe auch wieder Interesse, gewaschen zu werden. Ich bin im Moment zutiefst überzeugt, daß ich es schaffen kann. Todesangst ist etwas Entsetzliches. Ich hatte Angst, so große Angst.

Was mich sehr freut, ist die Anteilnahme von Frau Bell und Frau Niefindt. Beide haben sie mir angeboten, jederzeit zu kommen. Ich bin wirklich sehr neugierig, ob meine Gefühle weiterhin Achterbahn fahren, oder ob der zweite Therapietag heute entscheidend geholfen hat. Die Schmerzen kommen immer schubweise.

Es ist zweiundzwanzig Uhr, und ich fühle mich wieder richtig wohl. Noch heute morgen hatte ich gedacht, daß ich mich nie wieder passabel fühlen könnte. Daran kann ich also wieder einmal sehen, daß ich die Hoffnung nicht aufgeben sollte. Morgen kommt auch Töbi wieder. Ich freue mich schon sehr auf ihn. Mutti ist heute abend doch auf den Tennisball gegangen. Ich hoffe, daß sie und Marie sich gut amüsieren!

Isabell

24.10.1982

Der Tag fängt gleich schön an. Marlene hat mich gewaschen, und ich habe keine Schmerzen. Zwar habe ich die Nacht nicht optimal geschlafen, aber ich bin zutiefst überzeugt, daß ich es schaffen werde.

Heute war der Tag die ganze Zeit über schön. Marie, Christian und Mutti waren lange da, davor war Rolli da, der ja jetzt in Kairo ist. Vielleicht kommen noch Mrs. Martin und Töbi, auf jeden Fall kommt noch Matthias.

Die Schmerzen sind auch gebannt, und ich meine, mein Bein wird besser. Diesmal stelle ich mich auf eine sehr lange Verweildauer hier im Bonner Krankenhaus ein. Ich glaube, dann haben wir noch mehr und bessere Chancen, die Sache schnell zu packen. Was unheimlich angenehm ist, daß ich während dieser Therapie essen und trinken kann, ohne daß mir schlecht wird. Auch bin ich sehr aufnahmefähig und wach. Ich bin ziemlich neugierig, wer mich alles besucht. Zumindest möchte ich in den Tagen etwas lernen. Mein Gedächtnis hat nämlich ganz schön nachgelassen.

Isabell

25.10.1982

Heute habe ich nicht viel Lust zu schreiben, will aber dennoch etwas berichten. Heute war der Tag richtig kurzweilig. Ich hatte Besuch von Frau Bell, Oma und Mutti. Papa hat hier übernachtet. Mit ihm habe ich auch meinen Traum analysiert. Das war unheimlich interessant.

Isabell

27.10.1982

Gestern war ein ziemlich doofer Tag. Es kamen zwar viele Besucher, aber das war halt zu anstrengend. Inge kam unangemeldet und brachte mir ein paar Bücher mit, über das Leben nach dem Tod. Papa fand das sehr doof. Ich werde sie auch nicht lesen.

Jacob hat gestern überraschend angerufen. Das hat mich ehrlich überrascht, denn damit hatte ich gar nicht mehr gerechnet. Er sagt, daß er mal vorbeikommt.

Am Abend war noch Christian da, und er war so lieb und süß. Er ist doch ein Pfundskerl.

Schwester Ulrike ist auch wahnsinnig nett. Sie hat mir jetzt schon zwei Fotos von den Ärzten des Bonner Krankenhauses und von Töbi gegeben. Ich finde, sie ist die netteste Schwester, die ich je hatte. Sie schlug mir heute morgen vor, Dr. Kern zu wecken. Habe ich auch gemacht, es war ganz lustig.

Isabell

31.10.1982

Papa schreibt mir so süße kleine Geschichten. Hier ist eine davon: Es war einmal ein Zwerg. Der ärgerte sich über seine viel zu großen Füße. Er betete: »Lieber Gott, gib mir kleinere Füße.« Und es geschah ein Wunder. Zu Weihnachten brachte ihm der Nikolaus kleine Pantöffelchen, und als er sie anzog, paßten die großen Füße in die kleinen, niedlichen Pantöffelchen. Sein Wunsch, ein großer Mensch zu werden, wurde ihm aber noch nicht erfüllt. Er betete noch.

Und noch eine andere: Ein Sternlein blinkt. »Gibt es auf dem Sternchen auch Menschen?« fragte das kleine Mädchen. Papa überlegte. »Ja, die sind ganz klein, haben krumme Beinchen, sehen grün aus und haben Eierköpfe mit Antennen.« – »Ach, die sehen ja aus wie der

Matthias, wenn er böse ist!!« sagte vergnügt das kleine Mädchen.

Isabell

4.11.1982

Ich glaube, ich habe wieder einen Teilsieg errungen. Ich fühle mich viel kräftiger, habe wieder Hunger, kann wieder laufen.

Ich mag Dr. Töbellius so unwahrscheinlich gerne. Ich glaube, er mag mich auch gerne. Er hat sich heute das dritte Mal von mir verabschiedet. Er geht nach Tibet, Berge besteigen. Mutti hat er gesagt, daß er noch nie ein so enges Verhältnis zu einem jungen Patienten gehabt hätte. Mutti und ich haben uns gestern abend lange unterhalten, und sie meinte, daß ich mit Fünfundzwanzig durchaus ein adäquater Partner für ihn wäre. Ich würde ihn gerne heiraten. Der Gedanke macht mich glücklich. Wir beide verstehen uns auch prima.

Dr. Burbi hat sich heute auch von mir verabschiedet. Mit ihm und Dr. Kern verstehe ich mich ebenfalls blendend.

Meine angebliche »Lungenembolie« war übrigens nur eine Reaktion auf das von uns zu hoch gestellte Dipidolor.

Ich bin ziemlich gespannt, wie das mit Jacob am Sonntag wird. Auch bin ich gespannt, wie meine Weihnachtsdeckchen ankommen.

Isabell

5.11.1982

Habe mich gerade gebadet und es sehr genossen. Davor habe ich Bertin angerufen und mich erkundigt, ob ich eine Platte haben könnte. Ich glaube, er hat sich unheimlich verändert. Er hatte eine ganz tiefe Stimme und war ganz schön cool.

Heute vormittag war wieder Pfarrer Müller da. Ich habe ihm etwas auf den Zahn gefühlt, warum er, ohne vorher zu fragen, einfach hereingeschneit ist. Ich fand es etwas lästig.

Heute ist Töbis erster Urlaubstag. Ich finde es sehr schade, daß ich ihn jetzt so lange nicht mehr sehe.

Siegfried, Ulli und Sascha kommen erst morgen. Sie haben gestern wohl die Nacht durchgemacht und sind heute k.o.

Morgen kommt Herr Kirschstein, Verzeihung Friedrich, wieder. Er hat gewitzelt, ich sei unflexibel, weil ich ihn immer noch sieze. Heute trifft sich Matthias mit Friedemann. Papa und Matthias sind ja seit gestern in Berlin.

Isabell

6.11.1982

Heute war ein schöner Tag. Sascha, Siegfried und Ulli waren da, und Sascha ist ja so süß.

Ich habe heute auch mein erstes Eis wieder gegessen. Ich habe überhaupt einen unwahrscheinlichen Appetit.

Morgen wird auch wieder ein toller Tag. Johannes, Papa, Matthias und Jacob kommen. Ich bin neugierig, wie es wird. Ich kann leider nicht so viel schreiben, weil mein Arm weh tut. Allerdings sind alle sehr zufrieden. Nächste Woche möchte ich anfangen aufzustehen, um mich langsam aufzupäppeln. Übernächste Woche möchte ich mir viele schöne Sachen kaufen.

Isabell

7.11.1982

Vorhin waren Matthias und Papa mit Mutti und Christian da. Sie haben sehr amüsant über Berlin berichtet. Fidi kommt am Mittwoch. Ich freue mich darauf, weil ich sie sehr gerne mag. Ich bin vielleicht neugierig, wann Jacob kommt. Er hat heute nachmittag noch einmal angerufen, als ich so vor mich hin duselte. Er meinte zwar, daß er etwas Husten habe, aber da meine Leukos schon wieder auf 1900 sind, ist das nicht so schlimm.

Wenn Töbi wiederkommt, muß ich ihn unbedingt fragen, ob er mir ein Foto von sich geben kann. Ich habe zwar die Fotos von Ulrike, aber darauf erkennt man ihn so schlecht, daß ich gerne welche von ihm selbst hätte.

Jacob war von halb fünf bis sechs Uhr da. Es war schön. Wir haben uns sehr angeregt unterhalten. Viel über Liebe und Freundschaft. Ich glaube schon, daß er viele Frauenbekanntschaften gemacht hat und auch schon viel Betterfahrung hat.

Laut Jacob habe ich eine gute Figur und ein hübsches Gesicht. Ich könnte mir eine Liebelei mit ihm ganz interessant vorstellen. Zumindest finde ich es sehr nett, daß er nicht die Mühe scheut und mich von Aachen aus besucht.

Er hätte auch den Eindruck, daß ich Männern gerne und gut den Kopf verdrehen würde. Er behandelt mich zumindest wie eine Frau und nicht wie ein Mädchen. Töbi behandelt mich viel mehr wie ein Mädchen, aber er ist ja auch älter. Es ist zumindest sehr interessant, die Männerwelt kennenzulernen, und es macht Spaß, mit ihnen zu flirten.

Nächsten Montag ist Jacob wieder da, und dann wollen wir wieder Kontakt aufnehmen. Heute hat er mich beim Abschied über die Backe gestreichelt. Ich bin neugierig, was er sich noch alles zutraut.

Isabell

9.11.1982

Gestern war Matthis' Geburtstag. Deshalb bin ich den Nachmittag entlassen worden. Es war ein schönes Gefühl, mal wieder zu Hause zu sein. Matthis hat sich, glaube ich, unheimlich darüber gefreut. Christian und die Eltern auch.

Es war ein richtig schöner, gemütlicher Nachmittag zu Hause. Dafür habe ich aber in der Nacht auch deutlich gespürt, was für Anstrengungen es mich gekostet haben muß. Vor Muskelkaterschmerzen konnte ich überhaupt nicht schlafen, war richtig verzweifelt und mußte eine Fortral nehmen.

Ich bekomme manchmal schon Angst, so wie jetzt, ob ich es schaffe, denn die Schmerzen sind ja schon wieder da, aber ich kann nicht sagen, was für Schmerzen es sind, ob nur Muskelkater oder etwas Ernsteres. Ich fühle mich so richtig schön schwach. Das Gehen strengt mich an, ich gerate gleich außer Puste usw. Ob sich das noch einmal ändert? Gestern abend hat Mutti mich noch hier ins Bett gebracht und mich gestreichelt. In dem Moment war ich wieder ganz klein und schutzbedürftig. Es ist so schön zu wissen, daß man so sein kann.

Isabell

Ich fühle mich unheimlich mies. Ich habe auch Angst, daß ich es nicht schaffe. Alles tut mir weh, und ich fühle mich nicht gut. Zum Glück kommt Mutti gleich.

Isabell

10. 11. 1982

Wir sind mal wieder in einem Tal gelandet. Ich habe eine bakterielle Erkältung. Heute morgen hatte ich unheimlich Angst, weil ich dachte, das Fieber käme vom Tumor, und das hätte ja geheißen, daß er wächst, trotz Therapie. Dem ist nicht so, und es hat sich herausgestellt, daß es ein Infekt ist. Das ist auch sehr gefährlich für mich, und ich kann daran sterben. Aber ich möchte es unbedingt schaffen, weil ich Dr. Töbellius versprochen habe, keinen Unfug zu machen.

Heute morgen hatte ich im Geiste schon Abschiedsbriefe geschrieben und mir überlegt, wie ich meine Weihnachtsgeschenke noch zu Ende kriege, damit ich den anderen noch etwas Freude machen kann. Ich war sogar bereit aufzugeben, weil ich so entsetzt war.

Ich bin noch lange nicht außer Gefahr. Ich kann sehr

schnell dabei draufgehen, weil ich so wenig Leukos habe. Immerhin hatte ich heute vormittag eine Temperatur von 40,1 Grad/C. Mittlerweile ist sie aber schon wieder auf 38,3 Grad/C runter, dank Novalgin und Wadenwickel. Dr. Kern hat mir auch meinen Katheter gezogen und einen neuen in den linken Arm gelegt, weil man ausschließen wollte, daß sich an der Katheterspitze etwas Entzündliches bildet.

Papa war heute morgen genauso erschrocken wie ich. Er hatte sehr feuchte Augen und hat wohl auch gleich an Tod gedacht.

Ich will diesen Zwischenfall so schnell wie nur irgend möglich schaffen. Bestimmt wird jetzt nichts daraus, daß ich mal raus kann, aber das werde ich auch noch verkraften. Heute morgen hatte ich mir gedacht, an manche Leute noch Briefe zu schreiben. Es ist komisch, wie wechselhaft meine Zuversicht ist. Noch vor drei Stunden hatte ich mich aufgegeben, und jetzt sehe ich das Ganze schon wieder sehr locker. Ich glaube, ich habe gerade etwas ins Bett gemacht. Das Pipi ist einfach so herausgelaufen.

Ich würde mich sehr freuen, wenn Marlene mich heute nachmittag waschen könnte und mein Bett frisch beziehen würde. Ich kann auch nach dem Infekt bestimmt bald wieder baden, da jetzt ja oben der Katheter weg ist.

Mutti kommt mit Eis und Pommes.

Isabell

Ich hatte heute abend ein sehr ehrliches Gespräch mit Dr. Kern. Ich habe mir bis jetzt immer nur Illusionen gemacht. Ich dachte, die Platinex-Therapie sei *das* Mittel und würde nach ein paar Anwendungen eine Heilung erzielen. Wie gesagt, heute kam heraus, daß die Therapie nur partiell wirkt und daß sich der Zustand zum Beispiel in der Lunge überhaupt nicht verbessert hat. Der Arm tut mir auch sehr weh.

Das Platinex ist also nicht die durchschlagende Therapie, und je öfter man mich damit therapiert, desto resistenter werde ich. Das heißt also, daß meine Chancen immer kleiner werden und ich wahrscheinlich bald sterben werde. Ich war unheimlich erschüttert, als Dr. Kern so mir meine Illusionen heruntergerissen hat. Es ist aber auf jeden Fall wünschenswert und gut so gewesen.
Ich bin jetzt sogar irgendwie sehr beglückt und fröhlich. Jetzt, wo alles feststeht und Perspektiven hat. Das soll auf keinen Fall heißen, daß ich mich jetzt schon aufgegeben habe. Im Gegenteil, ich glaube nicht, daß mich der Infekt sehr weit zurückwirft. Die Schmerzen werden aber doller werden, und die nächste Therapie bringt wahrscheinlich auch nicht das Wunder.

Dr. Petri und Dr. Kern waren heute abend noch einmal bei mir, und beide haben gesagt, daß ich vor den Schmerzen keine Angst zu haben brauche. Jetzt bin ich richtig glücklich.

Wenn ich außerdem noch unbedingt weiterleben will, kann ich mein Leben ohne weiteres um einen Monat – ohne Therapie, sondern nur mit Bestrahlung, Schmerzmittel und Cortison – verlängern.

Ich möchte unbedingt noch so lange wie möglich leben und meinen Lieben das Schicksal erleichtern.

Ich bin so richtig wohlig müde und fühle mich so wohl, wie ich mich schon lange nicht mehr gefühlt habe.

Ich denke ganz einfach nicht daran zu sterben. Ich fühle mich so kräftig.

Gerade sind Papa und Mama nach Hause gegangen, wobei Mutti aber wiederkommt.

Mit Papa habe ich noch geschnäbelt. Das war das erste Mal seit langem, daß wir uns wieder auf den Mund geküßt haben. Früher – als kleines Kind – war das für mich selbstverständlich, jetzt hat es eine ganz andere Bedeutung für mich, mehr als Zeichen für Verliebte.

Ich bin zu müde, meine Augen sehen nicht mehr richtig, meine Hand will nicht mehr. Ich freue mich auf morgen. Ich darf auf keinen Fall vergessen, Dr. Kern zu wecken!!!

Isabell

11. 11. 1982

Heute vor einem Jahr bin ich ins Bonner Krankenhaus eingeliefert worden. Es ist noch ganz früh am Morgen, erst 2.33 Uhr. Es ist ein sehr komisches Gefühl, so mit Schmerzmitteln vollgepumpt zu sein. Ich bin eigentlich so müde und kann trotzdem nicht schlafen. Mich beschäftigt meine Situation unheimlich. Ich kann im Moment gar nicht mehr logisch darüber nachdenken. Ich möchte so gerne etwas loswerden, aber ich weiß selber auch nicht was.

Ich habe ein etwas schlechtes Gewissen Mutti gegenüber, weil ich sie nicht schlafen lasse.

Meine lieben Eltern, ich danke euch so tausendmal, daß ihr mich mit einer solchen Hingabe pflegt. Ich habe euch unendlich lieb und werde immer bei euch bleiben.

Ich befinde mich im Moment in einer sehr melancholischen Stimmung. Ich kann die Stimmung aber nicht bewerten als angenehm oder unangenehm. Ich bin im Grunde unwahrscheinlich müde, und mir fallen schon fast die Augen zu, aber wenn ich mich dann zum Schlafen hinlege, kann ich nicht schlafen. Ich kann mir einfach nicht vorstellen, daß ich bald nicht mehr da sein soll. Ich wollte mein Leben noch richtig genießen: mit Jungen und Männern etwas flirten, die Liebe entdecken und später einmal heiraten. Ich hätte sehr gerne Töbi geheiratet, weil ich mich bei ihm geborgen fühle, wir uns ohne Worte so gut verstehen.

Einen Wunsch habe ich noch in diesem Leben: Ich möchte Töbi wiedersehen, von ihm gehalten und getröstet werden. Ich möchte so gerne weiterleben, aber ich glaube nicht, daß ein Wunder mich rettet.

Ich bin zu müde. Ich höre auf und bete zu Gott, daß er mir einen süßen Schlaf und einen angenehmen Traum schenkt. Bitte, lieber Gott, tue mir den Gefallen.

Isabell

Ich bin abwechselnd ganz glücklich und dann zu Tode betrübt. Vorhin war ich unheimlich verwirrt, nachdem ich mit Dr. Kern gesprochen habe, wobei mir während des Gesprächs alles klar erschien. Meistens muß ich allerdings dann doch weinen, wenn er mit mir redet.

Gerade eben waren sechs Kinder hier oben und haben Sankt-Martins-Lieder gesungen. Ich habe mich unheimlich darüber gefreut, war aber auch sehr ergriffen und mußte danach sehr weinen, weil es so viele Erinnerungen wachgerufen hat. Claudia und Brigitte haben mich unheimlich nett getröstet.

Eigentlich wäre die beste Zeit zu sterben Anfang Januar. Dann hätte ich Weihnachten mitgefeiert, Töbi und Jan gesehen und mich auf alles seelisch vorbereitet. Es wäre sonst nämlich für alle grausam, wenn ich über drei Monate sterben würde.

Isabell

12.11.1982

Es ist sehr früh am Morgen, und ich halte Papa mal wieder vom Schlafen ab. Ich glaube unbedingt an ein Wunder. Warum sollte ich es nicht schaffen? Gestern abend waren noch Kiki und Brigitte da, und Kiki war sehr ergriffen. Ich mag sie von Zeit zu Zeit mehr.

Warum sollte ich den Scheiß-Tumor nicht schaffen? Ich will mein Letztes geben, um es ihm zu zeigen. Ich liebe meine Eltern so abgrundtief und würde ihnen meinen Sieg so gerne zu Weihnachten schenken.

Isabell

Ich habe unheimliche Angst, daß ich eine Lungenentzündung bekomme. Dann sterbe ich bestimmt vor Töbis und Jans Rückkehr. Papa hat mir gerade (fünf Uhr morgens) Fanta gekauft. Er ist so lieb. Ich möchte ihn nicht verlieren!

Isabell

Ich habe doch eine Lungenentzündung. Ich habe Chancen, sie zu schaffen, aber daß ich weiterlebe, ist wohl ziemlich unwahrscheinlich. Im Moment habe ich auch gar keine Motivation mehr, eine dritte Platinex-Therapie zu machen. Ich habe Angst davor, mich noch einmal einer solchen Tortur unterwerfen zu müssen. Aber ich habe jetzt allen so toll verkündet, daß ich noch Lebenswillen hätte, und dann gebe ich auf wie ein feiger Hund. Auf jeden Fall versuche ich jetzt, die Lungenentzündung zu überleben, und dann hängt es auch sehr vom Zeitraum ab, in dem ich mich befinde. Wenn es schon Dezember ist und ich lebe ohne Therapie noch immer und habe noch ein paar Tage Töbi und Jan, dann möchte ich – glaube ich – keine weitere Therapie. Es sei denn, es bestehen noch Chancen. Aber über das Thema denke ich erst weiter nach, wenn ich die Lungenentzündung geschafft habe – oder nicht. Wenn ich mit Marlene über die Behandlung meiner Leiche spreche, dann kichert sie nur. Mutti sagt, sie hat selber zu viel Angst vor dem Tod.

Mit Töbi kann ich darüber bestimmt sprechen. Ich möchte ihn auch fragen, ob eine Verwertung meiner Leiche sinnvoll wäre. So gerne möchte ich ihm meine Gefühle offenbaren. Ich weiß aber nicht, ob ihm das recht ist. Ich würde mich gerne an ihn kuscheln und Trost suchen. Ob ihm das recht ist? Ob ich dann noch die Kraft habe, überhaupt zu reden oder ihn zu umarmen?

Lieber Gott, bitte gib mir noch diese eine große Bitte, daß ich Töbi noch bei vollem Bewußtsein sehen kann!

Ich will aber einfach nicht aufhören, an ein Wunder zu glauben. Warum soll ich mich jetzt nicht bombig von der Lungenentzündung erholen, dann noch die Kraft haben, eine dritte Platinex-Therapie zu überstehen? Und warum soll sie denn nichts bringen? Und wenn sie etwas gebracht hat, wird mir das neuen Mut geben, und ich werde eine weitere Platinex ausprobieren.

Gerade war Astrid bei mir. Ich darf sie jetzt duzen. Sie hat am gleichen Datum Geburtstag wie ich. In dem Moment wollte ich so gerne noch siebzehn werden, und plötzlich war ich wieder beseelt von dem Wunsch weiterzuleben. Es wäre ja auch so traurig zu Weihnachten, wenn ich viele Geschenke bekommen und danach gleich sterben würde. Vielleicht erreichen ganz viel Wille und eine sehr gut verträgliche Therapie noch mehr als diese dicken Hämmer.

Zumindest war gerade Visite, und die hat gesagt, daß es mir viel besser geht, die Medizin also wirkt, und ich mich im Moment sehr wohl fühle. Morgen haben Dr. Kern und Dr. Petri frei. Sie wollen aber trotzdem kommen und mich besuchen.

Mit Matthias habe ich gerade über den Tod geredet. Es war ein sehr schönes und beglückendes Gefühl. Er sagt, daß ich mir das Paradies so vorstellen soll wie in »Die Brüder Löwenherz«, daß der Tod etwas Schönes sein kann.

Ich war die ganze Zeit über sehr glücklich, und dann kam auch noch Dr. Burbi, und er war unwahrscheinlich lieb zu mir. Er hat mir versprochen, mich in meinem Willen zu unterstützen und auch in der Therapie, falls ich aufgeben will.

Danach hatte ich Krankengymnastik, und es ist mir doch tatsächlich gelungen, Schleim abzuhusten. Das war ein beglückendes Gefühl. Danach war ich allerdings unheimlich geschafft. Im Moment ist mein Hochgefühl etwas gebremst, weil ich mich beim Husten wohl so verausgabt habe. Meine rechte Hand zittert auch so, man sieht es ja meiner Schrift an. Mein linkes Knie kann ich auch nicht mehr belasten, aber darüber soll ich mir keine Sorgen machen. Meinen rechten Arm kann ich aber wieder überallhin bewegen, ich glaube doch noch an Wunder. Danke, mein lieber Gott!

Ich habe Björns Bilder bekommen, und ich finde mich gar nicht so toll, aber er wohl. Ich glaube, ich werde ihm einen tröstenden Brief schreiben.

Jetzt ruhe ich mich aus.

Isabell

Ich habe gerade mit Frau Dr. P. telefoniert. Ich duze sie jetzt, und wir hatten ein ganz inniges Gespräch. Man hat ihr falsches Blut gegeben, und ihr geht es sehr schlecht. Sie möchte gerne sterben, und sie glaubt auch an ein Menschenleben wie ich (siehe »Die Brüder Löwenherz«). Sie sagt, daß sie noch Kontakt mit ihrem Sohn hat, der schon gestorben ist. Ich habe ihr versprochen, oft anzurufen. Ihr geht es jetzt sehr schlecht.

Eigentlich war ich im normalen Leben nie so glücklich wie jetzt.

Isabell

13.11.1982

Heute morgen war ich gar nicht so sehr glücklich, obwohl ich eigentlich gut geschlafen hatte. Ich war so verwirrt und mir meiner Gefühle nicht sicher. Ich hatte aber einen Bärenhunger und habe zwei Oberhälften gegessen. Danach war mir schon besser. Den Brief an Töbi habe ich auch angefangen, und ich habe ihm wirklich viel zu sagen. Um elf Uhr hat mich Doris besucht, und mit ihr hatte ich ein sehr tiefsinniges und beglückendes Gespräch. In dem Moment war ich wieder unheimlich glücklich und ruhig. Ich bekam auch viel besser Luft. Sie möchte, auf mein Angebot hin, ihre Briefe aus unserem Briefwechsel haben. Ich fühle mich jetzt wieder recht kräftig, und die Oberärztin hat gesagt, daß ich nicht an meinem Herzen sterben werde, obwohl es sehr schnell ist.

Es ist komisch, ich frage manche Leute, worüber sie sich freuen würden, wenn ich ihnen was schenken würde, weil ich mir einfach Gedanken über meinen Tod mache. Peinlich wird die Sache nur, wenn ich am Leben bleibe. Aber ich habe mich sowieso ganz in Gottes Hand gegeben.

Isabell

Eine von Papas Geschichten vom kleinen Mädchen: Weihnachten steht vor der Tür. Das kleine Mädchen ist furchtbar neugierig, was es alles bekommen wird. »Papa, ich bekomme doch viel?« – »Ja, mein Kind, du bekommst viel.« – »Au fein, Mama, ich bekomme so viel. Aber Papa, was ist denn viel?« – »Dies und das und noch etwas.« – »Ja, sooo viel???« – »Mama, ich bekomme so viel, dies und das und noch etwas! – Die Jungs bekommen aber nur dies. Ich freue mich ja so auf Weihnachten.«

Jan hat gerade aus Kanada angerufen. Darüber habe ich mich unheimlich gefreut. Ich habe ihm versprochen, noch zu leben, wenn er wiederkommt. Er hat sich sehr lieb angehört. Ich mag ihn noch sehr.

Isabell

Hab' mich gerade von Björn verabschiedet und mich für die Bilder bedankt. Bin neugierig, wie er darauf reagiert. Johannes war gerade da – eineinhalb Stunden –, und wir haben auch nur deshalb mit unserer Unterhaltung aufgehört, weil Papa hereinkam und auf seine Anfrage, ob es nicht zu viel sei, ein »nein« bekam und wütend – so einen Eindruck hatte ich – wieder hinausstapfte. Johannes hat mir zum Schluß mit beiden Händen die Hand gedrückt, richtig herzlich, und ich glaube, es hätte nicht viel gefehlt, und er hätte mich am liebsten umarmt oder geküßt. Er hat mir gesagt, daß ich ihm etwas Wichtiges bedeute und er noch nie so ein Gespräch über den Tod gehabt hätte. Ich mag Johannes sehr gerne. Er möchte mich auch noch einmal besuchen. Von allen gleichaltrigen Jungen mag ich ihn am liebsten. Wir haben über Freundschaft in kameradschaftlicher und sexueller Hinsicht, über unsere Vorstellungen über das ewige Leben gesprochen, und ich habe ihm erzählt, daß ich schon einmal für ihn geschwärmt habe. Er hat auch schon einmal für ein Mädchen geschwärmt. Das hätte ich nie gedacht.

Isabell

Ich habe unheimlich das Gefühl, daß ich gesund werde. Aber ich habe Angst vor den Therapien. Vielleicht passiert ein Wunder und ich werde durch meinen Willen gesund? Bitte, lieber Herrgott, hilf mir dabei. Ich habe einen Willen wie ein Esel!!!

23.30 Uhr: Hab sehr viel Auswurf herausgewürgt mit Papas Hilfe. Toller Erfolg!!!
Isabell

15.11.1982

Da wir über das Wochenende mit der Schmerzbestrahlung des rechten Armes aufhören mußten, bin ich heute am Montag unfähig, eigenhändig meine Gedanken niederzuschreiben. Da ich aber zu meiner geliebten Mutter ein uneingeschränktes Vertrauen habe und meine Eltern nach meinem Ableben sowieso die Erlaubnis haben, mein Tagebuch zu lesen, erfüllt sie mir den Wunsch, die Gedanken der letzten Tage niederzuschreiben.

Samstag abend gelang es mir ja mit Vaters Hilfe, mich vom Schleim zu befreien, so daß wir eigentlich alle gute Aussichten hatten, eine ruhige Nacht zu verbringen. Dem war aber nicht so. Wir hatten ein sehr langes, ehrliches und auch etwas schwieriges Gespräch. Ich entsann mich meines Versprechens, das ich Mutti einige Nächte vorher, während eines Gespräches zwischen uns beiden, gegeben hatte, das besagte, daß ich mit Papa darüber reden wollte, wie verzwickt doch die Situation zu seinen Söhnen ist. Ich hatte Mutti deshalb das Versprechen gegeben, weil sie sich an jenem Abend vor der Berlin-Abfahrt der Männer von allen dreien ihrer männlichen Familienangehörigen falsch verstanden oder ungerecht behandelt fühlte. Teilweise teilte ich ihre Meinung, auf jeden Fall aber wollte ich ihr helfen.

Also sprach ich Vater daraufhin an, was er denn sagen würde, wenn ich behaupte, daß seine Söhne Probleme mit dem Vater hätten. Er verlangte Ausführungen, die ich ihm auch gab. Unter anderem lautete eine, daß er keine Konkurrenz durch seine Söhne vertragen würde. Darauf reagierte er etwas heftig und sagte, daß das alles Phrasen seien, die ich von Mutter kopiert hätte. Ich war sehr verletzt, denn ich wollte ihn ja nicht belehren, sondern ihm etwas die Augen öffnen. Dafür, daß mir dazu die genügende Geschicklichkeit gefehlt hat und die Argumente auch nicht gerade auf meinem Mist gewachsen waren, entschuldigte ich mich sehr. Ich bat ihn, mir nicht böse zu sein, aber es würde mich doch sehr bedrücken, daß, wenn ich sterben sollte, er diese Belastung auf die Jungen abwälzen würde. Er sagte, das würde er auf jeden Fall vermeiden, da er die Jungen innigst lieben würde. Ich bat ihn, sich um ein zutiefst herzliches Verhältnis zu den Jungen nach meinem Tode zu bemühen, da mich das sehr beglücken würde.

Außerdem sagte ich ihm, daß ich von meinem Paradies aus alles sehen könne und in Gedanken immer bei euch sein werde. Wir versprachen uns, jeden Abend um zweiundzwanzig Uhr aneinander zu denken und so vereinigt zu sein. Ich erklärte ihm auch, daß er die Zeit der Trauer um mich noch einmal als eine sehr beglückende Zeit mit seiner geliebten Frau erleben könnte. Wenn zwei Menschen das Produkt ihrer Liebe zusammen verlieren, kann der Schmerz beide nur noch um so fester aneinander fesseln.

In dieser Nacht schliefen wir nicht mehr viel. Das Ergebnis hatten wir am nächsten Morgen.

Ich wurde gewaschen und aß gut, bekam aber dann unerträgliche Schmerzen im rechten Arm. Es war kurz vor zehn, so daß Dr. Kern noch nicht da war. Der diensthabende Arzt erschien und gab mir einen sehr starken Hammer an Schmerzmitteln. Meine Befürchtung bewahrheitete sich, ich bekam wieder einen Rappel. Zum Glück hatte ich mich diesmal sehr unter Kontrolle, so daß ich nicht ersticken konnte. Ich hatte aber große Angst. Noch nichts hatte ich vorbereitet für meinen Tod, körperlich war die Situation äußerst unangenehm für mich. Schwester Claudia bewies ihre Stärke für kritische Situationen und beruhigte mich, indem sie mich sehr ausführlich über eine Stunde mit Transpulmin einrieb. Dr. Kern war mittlerweile auch Herr der Situation und hatte mir Beruhigungstropfen gegeben. Papa streichelte meine Füße, so daß ich bald darauf zweieinhalb Stunden schlief. Zum Glück hatte keiner angerufen. Ich glaube, Papa hätte ihn durchs Telefon aufgefressen. Um halb drei war Schichtwechsel, Mutti kam, und Papa erholte sich zu Hause vom Schreck. Während Muttis Anwesenheit diktierte ich ihr aus dem Kopf eine Art Testament. Ich wollte mit gewissen Sachen gerne ein paar guten Freunden noch eine Freude machen. Das Ganze wird noch in ausführlicher Form im Tagebuch passieren, da ich mich noch kräftig genug fühle, so lange zu leben, wie ich will.

Mit Mutti hatte ich eine ruhige Nacht, in der ich sieben Stunden schlief, allerdings mit Unterbrechungen.

Das war das Ende deines Tagebuchs.

Dann kamen noch einige Abschiedsbriefe an deine Lieben, die du in den letzten Tagen nicht mehr gesehen hattest. Daß wir Oma zu deiner letzten Stunde dazuholten, damit hattest du nicht gerechnet.

15.11.1982

Liebe Oma!
Meine so sehr geliebte Oma, wahrscheinlich sehe ich Dich nun doch nicht mehr, bevor ich in das Paradies gehe. Bestimmt treffe ich Opa, dem ich wahrscheinlich nichts über uns hier unten zu erzählen brauche. Wir leben im Geist mit Euch weiter. Ich möchte noch nicht sterben. Ich wehre mich sehr dagegen, Euch zu verlassen. Vielleicht läßt Gott noch ein Wunder geschehen. Wenn es mir die Zeit erlaubt, werde ich noch mehr an Dich schreiben.

Ich liebe Dich innigst
Dein Enkelkind Belli

15.11.1982

Meine mir so teure Lou!
Mein Wille war nicht stark genug, daß ich Dir diese Worte selber sagen konnte. Du weißt selber, wie sehr ich Eure Familie geschätzt und geliebt habe. Ihr habt mir viele fröhliche Stunden geschenkt. Ich danke Euch dafür von Herzen. Der Brief richtet sich deshalb gezielt an Dich, weil ich weiß, daß Du als Mutter das feinste Händchen dafür haben wirst, jedem das Seine zu sagen.

Bitte berichte Caroline, daß sie mir nahestand wie eine Schwester. Unsere Sprache bestand aus Mimik und Gesten, aber sie war unmißverständlich. Ich bin selten so herzlich umarmt und geküßt worden von einem, der mir als Freundin so nahesteht. Ich werde oft an Caroline denken und hoffe, daß sie ab und zu meine Liebe spürt.

Ich glaube, Axel weiß, daß ich ihn über eine sehr lange Zeit stark umschwärmt habe, wenn nicht sogar in ihn verliebt gewesen bin. Auch jetzt mag ich ihn noch sehr gerne, und ich hoffe, meine Zuneigung hat ihm etwas gegeben. Es war schön und aufregend, mit Axel die ersten Augenkontakte zu einem Jungen zu erforschen. Ich habe oft von ihm geträumt. Ob ich wohl auch manchmal Inhalt seiner Träume war? Zu gegebener Zeit hätte ich es gerne gewußt. Liebe Lou, nun zu Dir selber. Mit Dir verbindet mich ein Band tiefster Freundschaft. Ich habe mich Dir jederzeit anvertraut. Ich wünsche Dir, daß Du noch viele Jahre so glücklich weiterleben wirst, wie ich meine zu sehen, daß Ihr glücklich sein könnt.

Manuelle, Kati und Albert kenne ich zu wenig und habe ihnen zu wenig zu sagen, aber auch sie habe ich alle gemocht. Drücke sie innigst von mir.

Ich bin Dir sehr verbunden
Deine Isabell

15.11.1982

Lieber Jan!
Ich achte Dich sehr. Hab Dank für Deine Fairneß in jeder Zeit.

Deine Isabell

15.11.1982

Liebe Marie,
ich liebe Dich wie meine Schwester. Es war schön, das Gefühl kennenzulernen, eine Schwester zu haben. Du hast mir viel gegeben.

Auf Wiedersehen in meinem Paradies!
Deine Belli

PS. Grüße an Deine ganze Familie, auch an die Küchendame, besonders aber an Deine treue, kartenschreibende Mutter.

Zum Schluß lag im Tagebuch noch der verschlossene Brief an Töbi. »An meinen lieben Töbi« stand außen drauf. Alle guckten gespannt auf diesen Brief. Ich nahm ihn in die Hände und sagte: »Den Inhalt dieses Briefes kennt nur Belli. Dieser Brief wird Töbis und Bellis Geheimnis bleiben!« – Ich schloß das Tagebuch.

Papa, Matthias, Christian und ich, wir wachten den Rest der Nacht an deinem Bett. In den letzten Minuten bildeten wir einen Kreis um dich und gaben uns die Hände – du wirst uns auf immer verbinden! Es war Buß- und Bettag. Am 17. November 1982, um fünf Uhr morgens, warst du erlöst.

Siegfried holte die Jungs und nahm sich mit Oma und Ulli ihrer an.

Wir taten unsere letzte Pflicht. Die Anweisungen hatte ich von dir noch zwei Tage zuvor erhalten. Dein weißes Kleid, daß du beim Abendmahl anhattest, wolltest du tragen. Das pastellblaue Baumwolltuch ums Köpfchen, bloß keine Perücke, aber bitte auch keine Glatze. Und bitte eine große Beerdigung. »Es soll jeder zu meinem Abschied kommen können, der kommen will.« – Und wir glaubten, keine Kraft mehr zu haben.

Aber du trugst uns, und wir waren verzaubert durch deine Stärke. Wir gaben in den nächsten Tagen den anderen Menschen noch Halt. Du hast deinen Tod als neuen Anfang begriffen, als einen erhabenen Tod, als eine Auszeichnung! Die Freunde, die kamen, um uns zu trösten, gingen beglückt und bereichert nach Hause, da wir von dir erzählten, wie du dein Schicksal vorbehaltlos akzeptiert hast und versöhnt vom Leben Abschied nahmst. Daß dir eine solche Entwicklung und ein solcher Abschied möglich war, ist maßgeblich von der Grundentscheidung beeinflußt worden, daß wir mit dir in Wahrheit lebten, daß ein Einklang zwischen den Ärzten, dir und uns bestand, daß wir dir alle Ergebnisse sagten und die Gespräche mit dir und den Ärzten nach Möglichkeit gemeinsam führten. So konntest du uns deine Gedanken, Ängste und Hoffnungen anvertrauen. Es war die Voraussetzung dafür, daß es dir gelang, im Laufe der Krankheit eine Entwicklung durchzumachen, die es dir ermöglichte, deinen Tod zu akzeptieren. Das übte auf viele Menschen eine Faszination aus.

Bis auf die Tatsache, daß du körperlich nicht mehr bei uns warst, hatten wir keinen Grund, traurig zu sein. In den ersten Tagen war dieser Schutz, dieser Zauber am stärksten. Wir waren stolz, eine solche Tochter und Schwester gehabt zu haben. Du hattest dein Schicksal erfüllt, dein Leben gelebt, wenn auch im Zeitraffertempo.

Daß wir diese Zeit so intensiv gestalten konnten und nicht nur Opfer waren, hatten wir dir zu verdanken. Es war für uns eine ganz verbindende und wesentliche Erfahrung unseres Lebens.

Das Unausweichliche in deinem Leben hast du akzeptiert; alles andere versuchtest du immer selbst in die Hand zu nehmen und positiv zu gestalten. Vielen

Menschen, die dich kannten, bist du ein Vorbild und wirst es noch vielen, vielen Lesern sein – und das nach nur sechzehneinhalb Jahren Leben!

Die Beerdigung durfte erst nach Christians Prüfung sein – neun Tage später. Er und bestimmt auch du, ihr habt euer Bestes gegeben. Er bestand, trotz aller Belastung. Aus der Prüfung kam er direkt in die Kirche zum Gottesdienst. Matthias' Konfirmationspfarrer hattest du dir erbeten, aber bitte unsere Gemeindekirche, in der *du* konfirmiert worden bist. Es war ein großer Abschied. Wie viele Menschen dich liebten, sahen wir an diesem Tag ganz deutlich. Und wir waren deine Eltern und Brüder, das erfüllte uns mit großem Stolz. Wir wollten von nun an ganz besonders versuchen, daß auch du stolz auf uns sein kannst.

Matthias legte in der Schultrauerfeier die erste Probe ab. Du hattest ihn in deiner Todesstunde gebeten, den Schülern zu berichten, wie du gestorben bist. »Ich versprach es ihr«, berichtete Matthias im Schulgottesdienst vorne in der Kirche, »und sie sagte mir, daß man vor dem Tod keine Angst zu haben braucht. Sie war zutiefst davon überzeugt, weiterzuleben und uns wiederzusehen. Am Abend ging Isabell leise, befreit und glücklich in ihr Paradies.« – Du warst sicher sehr stolz auf ihn.

Die Anteilnahme war überwältigend. In der Schule und bei allen Freunden und Bekannten. Dich wird zum Beispiel der Nachruf deiner Tennistrainerin in der Clubzeitung interessieren:

»Isabell Zachert lebt nicht mehr – erst sechzehn Jahre jung. Vergebens kämpften ein Jahr lang Ärzte, und besonders sie selbst, gegen die tückischste aller Krankheiten. Zwischen Bangen und Hoffen wehrte sich Isabell trotzig, ja verbissen gegen das drohende Ende. Sie *wußte,* daß es kommen würde.

Eine Therapiepause gab ihr zu Pfingsten letzte Gelegenheit, den BTHV, ihre sportliche Heimat, zu besuchen. Gern erinnern wir uns an ihren Bericht in der Clubzeitung, in dem sie fast fröhlich ihre Eindrücke über das Tennis-Jugend-Turnier schildert. Die Bambina-Spielerin und mehrfache Clubmeisterin war eine glückliche Frohnatur, stets ansprechbar und hilfsbereit. Sie, die versprach, eine gute Nachwuchsspielerin zu werden, sagte noch in der letzten Woche zu mir – leise und traurig –, ›jetzt bin ich wohl ein Verlust für den BTHV‹.

Isabell fehlt uns wirklich – für immer.

Sibylle Pagenkopf.«

Professor L. hat uns ein Gedicht geschenkt, das er über dich gemacht hat (siehe Seite 181).

Nach der Beerdigung fuhren wir, so wie du es uns aufgetragen hast, als erstes in den Schwarzwald nach Altglashütten, zu Gerda und Ernst.

Erst langsam begriffen wir, wie angespannt wir waren. Wenn wir auf dieser Fahrt allesamt direkt in den Himmel gefahren wären, es hätte uns nicht gestört, so sehr sehnten wir uns alle zu dir. Was ist ein solcher Zustand doch für eine unfall- und unglücksträchtige Zeit! Zum Glück paßtest du gut auf uns auf.

»Isabell
vorgelebt
voraus
uns
vorgestorben
vorgegangen
und
vorgezogen
bevorzugt
entzogen
den deinen
dunkel und
ahnungsvoll
und wissend
deine augen
gereift

Vorbild
allen
zukünftig
sterbenden
unvergessene
vorgeschrittene
weiterlebende
isabell«

November 1982
H. L.

Das Leben ging weiter. Dein kleines erspartes »Vermögen« haben wir übrigens – deiner Anweisung entsprechend – mit Oma bei Ria Maternus »verpraßt«. Du warst, so wie du es uns versprochen hattest, als kleiner »Pumuckel« unter uns. Es war das erste Mal, daß wir wieder unter Menschen gingen: Es war unser einundzwanzigster Hochzeitstag!

Mein liebes Isabellchen, ich will der Versuchung widerstehen, dir alles zu erzählen, was in der Folgezeit geschehen ist. Du wirst es ohnehin wissen. Aber ein paar wichtige Ereignisse muß ich noch loswerden. Es könnte ja sein, daß du im Paradies zu viel geflirtet hast und ab und zu abgelenkt warst!

Maren starb vier Monate später im Bonner Krankenhaus, wie du uns in deiner Abschiedsstunde vorausgesagt hast. Von nun an sahen wir Eltern – Inge, Hans-Jürgen und wir – euch beiden Mädchen immer zu zweit, ohne Krücken und Rollstuhl, herumspringen.

Deine Patentante Ines starb zwei Jahre nach dir. Als sie zum letztenmal ins Krankenhaus mußte, rief sie mich nach München, damit ich bei ihr und ihren Töchtern war.

Michael, den tumorerkrankten Studenten aus der Kölner Klinik, traf ich vor ein paar Tagen. Zehn Jahre nach der Behandlung in Köln stellte er mir seine Frau und seinen dreijährigen Sohn vor. Ich habe mich so gefreut, daß ich ihn spontan in die Arme nahm: »Michael, Sie haben den Tumor besiegt!«

Mit Frau Dr. P. telefonierte ich vor zwei Wochen und erzählte ihr von meinem Plan, dieses Buch zu schreiben. Sie sagte mir: »Sie müssen es tun, und Sie werden es schaffen!« Sie war gerade wieder auf dem Weg ins Krankenhaus zu einer Operation.

Die Liebe unserer Kinder und Freunde trug uns. Papa und ich fanden wieder zu uns selbst, und damit auch wieder zueinander. Die ganze Zeit hatten wir beide in einer Partnerschaft mit dir gelebt. Und nun mußten wir begreifen, daß wir uns wieder aufeinander einstellen konnten und mußten. Auch auf Matthias und Christian! Wir haben zwar unsere Tochter im irdischen Leben verloren, aber unsere beiden wunderbaren Söhne behalten. Du wolltest, daß wir auch nach deinem Tod eine fröhliche und glückliche Familie sein können. Das ist dir gelungen – wir sind es geworden. Und da wir es sind, gehen wir auch alle erfolgreich unseren Weg!

Meine liebe kleine Belli, ich sitze in Somme-Leuze auf dem Balkon und träume. Unser Werk gelingt! Gestern ist Vater in die Ardennen gekommen, um mich zu besuchen. Es regnete furchtbar, wir saßen am knisternden Kamin. Ich habe ihm alles vorgelesen, was ich inzwischen aus dem erquickenden Brunnen der Erinnerung zu Papier gebracht habe. Zum Glück habe ich mich nicht im Tal der Tränen verirrt.

Es hat ihn sehr berührt, und er war zufrieden. Ich bin zutiefst beglückt. Ich wurde beim Schreiben von Tag zu Tag heiterer. Dieses Buch, das jetzt entsteht, ist nur eine notwendige Ergänzung zu deinen Briefen und deinem Tagebuch – es ist dein Buch und wird dir ein kleines Denkmal setzen! Und das hast du verdient. Für mich ist dies die Einlösung eines unausgesprochenen Versprechens an dich. Dein Leben und Leiden hatte einen tiefen Sinn. Du bist nicht umsonst gestorben. Du bist Vorbild für alle, die dich im Leben kannten, und wirst jetzt Vorbild für viele Menschen sein. Das Problem des Todes ist eine Frage, die jeden Menschen in seinem Leben beschäftigt. Die Angst, dazu selbst Stellung zu beziehen, ist groß – du wirst vielen Menschen dabei helfen! Für mich persönlich ist dein Vorbild der Maßstab für mein weiteres Leben!

Es ist Sonntag, zwölf Uhr. Die Glocken läuten in Somme-Leuze. Es waren zehn wunderschöne Tage mit dir. Bevor ich aber in den Alltag zurückkehre, muß ich noch etwas mit dir besprechen: »Was meinst du, mach' ich mit Töbis Brief?« – Töbi hat ihn mir gegeben, bevor ich in die Ardennen fuhr. Er sagte: »Wenn du ein Buch über Isabell schreibst, bekommst du dazu auch Bellis Brief.« Das war die Meinung unseres Freundes. Und was ist deine Meinung dazu? Du willst, daß die Leser uns glauben, daß dein Schicksal Erfüllung war? In deinem Brief an Töbi gibst du mir selbst die Antwort. »Ich mache so vielen Menschen Mut und nehme ihnen mit meiner frohen Ausstrahlung vielleicht die Angst vor dem Tod.«

13. 11. 1982

Mein lieber Dr. Töbellius!
Mich drängt es danach, Ihnen meine innersten Gefühle anzuvertrauen, und da ich weiß, daß ich Sie damit jetzt nicht mehr belästigen kann, möchte ich das auch ganz offen tun.

Ich wage überhaupt nur deshalb Ihnen das zu schreiben, weil ich doch glaube, daß Sie dafür doch wenigstens Verständnis, vielleicht auch etwas Freude empfinden werden.

Ich hatte Ihnen ja versprochen, mir in Ihrer Abwesenheit keine Probleme zu erlauben. Daß jetzt doch eine Komplikation eingetreten ist, tut mir sehr leid, aber ich verspreche Ihnen, daß ich meinen ganzen Willen daransetzen werde, mindestens bis zu dem Zeitpunkt durchzuhalten, bis Sie wiederkommen.

Vielleicht gibt mir Ihre Gegenwart noch einmal so viel Kraft, daß ich es noch länger durchhalte und wir so noch etwas Zeit füreinander haben.

Mein Gefühl zumindest sagt mir, daß ich es schaffen kann.

Als ich Sie noch tagtäglich gesehen habe, waren es immer meine schönsten Minuten für den Tag.

Nachts habe ich mir oft erträumt, wie schön es wäre, wenn Sie auch die gleiche Zuneigung für mich, wie ich zu Ihnen, empfinden würden.

Das mag jetzt sehr anmaßend klingen, daß ich junges Mädchen mir einbilde, daß ein allseits gemachter Mann gerade mich bevorzugt, und ich war mir auch vollkommen im klaren, daß ich noch keine Partnerin für Sie sein kann. Auf der intellektuellen Basis könnte ich Ihnen gar keinen befriedigenden Gesprächsstoff bieten.

Aber in meinen Wunschträumen habe ich mir immer erträumt, daß Sie ein privater Freund unserer Familie, nach meiner Gesundung, werden könnten und ich Sie dann, mit heranwachsenden Jahren, immer mehr interessieren könnte, bis ich Ihnen in den entscheidenden Punkten das Wasser reichen könnte.

Das war, wie gesagt, ein schöner Traum von mir, und ich weiß, daß er sehr hoch gegriffen ist. Deshalb habe ich auch nie gewagt, die den Traum umhüllende Seifenblase anzufassen, aus Angst, sie platzen zu lassen.

Wie ich schon zu Anfang sagte, möchte ich auf jeden Fall durchhalten, bis Sie wiederkommen, aber diese Garantie habe ich leider nicht. Deshalb schreibe ich Ihnen meine Gedanken nieder, in der Hoffnung, daß sie Ihnen etwas von meiner Liebe, meinem Vertrauen, meiner größten Hochachtung und Bewunderung geben.

Ich habe oft den Wunsch, mich an Sie zu kuscheln und zu träumen, daß Sie mich festhalten und mir Kraft geben.

Ich habe Ihnen ein Bild gemalt, welches eine Rose darstellt, mit einer winzigen Knospe. Die große, wunderschöne, kraftstrotzende Rose sind Sie, und ich bin die kleine Knospe, die bei Ihnen Schutz sucht. Das Blatt hat nichts weiter zu bedeuten. Es ist nur eine Ausfüllung des leeren Platzes auf dem Bild.

Falls ich sterben sollte, was sehr wahrscheinlich ist, aber durchaus nicht zwingend, hätte ich in dem irdischen Leben nur vermißt, einen Mann geliebt und geheiratet zu haben. Ich weiß nicht, ob dieser Gedanke Ihnen behagt, aber mit Ihnen hätte ich mir eine Ehe wunderbar vorgestellt.

Bitte verzeihen Sie mir meine Anzüglichkeit, aber mich erleichtert es ungemein, Ihnen meine innersten Gedanken mitteilen zu können, ohne Sie damit zu belasten.

Vom Inhalt dieses Briefes erfährt niemand etwas, auch nicht meine Eltern, obwohl ich zu ihnen uneingeschränktes Vertrauen habe.

Aber ich weiß eben nicht, wie angenehm oder unangenehm Ihnen meine Gefühle sind, und deshalb sind Sie der einzige Wisser.

Ich habe keine Angst vor dem Tod. Sie, Dr. Petri und Dr. Kern haben mir alle die Angst vor den Schmerzen genommen, und in den letzten Tagen war ich so glücklich wie noch nie.

Viele sind überrascht, denn andere Menschen sind wohl bedrückt und ängstlich, aber ich glaube an ein Leben danach, das genauso ist wie mein Wunschleben, und dort kann ich auch noch die Liebe zu einem Mann kennenlernen, und ich bin auch bereit, auf Sie zu warten und Ihre Gefühle zu hören.

Ich habe aber noch dringend vor zu leben, wenn Sie wiederkommen. Vielleicht ist es Ihnen dann peinlich, mir unter die Augen zu treten, nachdem ich Ihnen all meine Gefühle so offen gesagt habe. Sie brauchen aber keine Angst zu haben, daß ich Sie mit diesem Brief unter Druck setzen will.

Ich werde meinen Brief nicht ansprechen, so daß es Ihnen überlassen bleibt, auf ihn einzugehen oder nicht.

Sie sind und bleiben ein freier Mann, und ich wollte

Ihnen einfach meine Gefühle schreiben, in der Hoffnung, daß Sie sich darüber freuen. Sie haben meiner Mutter gegenüber nämlich einmal eine dahingehende Bemerkung geäußert, daß Sie mich sehr mögen. Deshalb dachte ich mir, meine Erklärungen beglücken Sie.

Mein Wille, noch zu leben, bis Sie zurückgekehrt sind, ist unwahrscheinlich groß, da ich Ihnen ja versprochen habe, keinen Ärger zu machen. Ich möchte also auch nicht, daß Sie sich Vorwürfe machen, nicht dagewesen zu sein, als ich starb.

Ich glaube aber an Wunder. Warum soll sich der Tumor denn nicht plötzlich geschlagen geben, wenn er meinen Lebenswillen noch sieht? Die Quälereien einer Therapie möchte ich nur noch sehr ungerne auf mich nehmen, weil die Chancen der Heilung dadurch zu klein sind. Entweder Gott läßt mich leben ohne Therapie, oder er läßt mich sterben auch mit Therapie.

Ich habe den unbedingten Willen zu leben, aber fürchte mich nicht vor dem Tod. Falls das jetzt meine letzten Tage sein sollten, waren es bestimmt meine glücklichsten.

Ich habe mich schon oft gefragt, warum ein so sympathischer und überdurchschnittlicher Mann wie Sie keine Frau hat, aber wahrscheinlich füllt das Krankenhausleben Sie so befriedigend aus, daß Sie keine brauchen. Das hat mich eigentlich ein wenig traurig gemacht, nämlich dann bräuchten Sie ja auch nicht mich.

Bitte halten Sie mich nicht für hochtrabend und eingebildet, weil ich eine so hohe Meinung von mir wiedergebe, aber ich fühle mich so kräftig, voller Leben und Liebe, daß alles andere Lügen wären.

Wenn mir doch noch der Wunsch erfüllt werden könnte, Sie noch zu sehen, das wäre wunderbar.

Dann könnten keine Mißverständnisse entstehen, und ich fühlte mich in Ihrer Nähe geborgen. Ich würde mich ganz an Sie kuscheln, mit Ihnen alleine sein.

Es würde mich zutiefst beglücken, wenn Sie in meiner Todesstunde meine Hand halten würden. Ich bete nur zu Gott, daß Sie meinen Brief nicht falsch verstehen und sich nicht belästigt fühlen und mich jetzt nicht für eine dumme Zicke halten.

Aber ich halte Sie noch für so jung, daß Sie genügend Toleranz für meine Gefühle haben. Ich fühle mich im Moment unheimlich kräftig und habe keine Schmerzen. Ich empfinde meine Krankheit und meine Gefährdung als ein Geschenk Gottes.

Ich mache so vielen Menschen Mut und nehme ihnen mit meiner frohen Ausstrahlung vielleicht die Angst vor dem Tod.

15. 11. 1982, 18.30 Uhr

Ich hätte Sie so gerne noch einmal gesehen. Ich treffe Sie in meinem Paradies wieder.

In inniger Liebe
Ihre Isabell
Ihr Isabellchen

Wir danken allen Freunden, die unser Schicksal mitgetragen haben, und all denen, die uns geholfen haben, es zu akzeptieren.

Christel und Hans Zachert,
Christian und Matthias
November 1992

Umschlaggestaltung unter Verwendung
zweier Fotos von Siegfried Fournes, Mannheim
Satz: Bosbach & Siebel Print Media Concept, Lindlar
Gesetzt aus der Rotis Serif
und Rotis Sans Serif (Linotype-Hell)
Druck und Einband: Friedrich Pustet, Regensburg

Vor- und Nachsatz zeigen
Faksimiles aus Isabells Tagebuch
vom 11. November 1982.

Printed in Germany
ISBN 3-7857-0682-0

ich möchte Jöli wie-
dersehen, von Ihm ge-
halten und getröstet werden.
Ich möchte so gerne weiter-
leben, aber ich glaube
nicht, daß ein Wunder
mich rettet.
Ich bin zu müde. Ich
höre auf und bete zu
Gott, daß er mir einen
süßen Schlaf und ei-
nen angenehmen Traum
schenkt. Bitte lieber
Gott, tue mir den Gefallen.
Isabell

Ich bin abwechselnd ganz
glücklich und dann zu
tode betrübt. Vorhin
war ich unheimlich
verwirrt, nach-
dem ich mi-t